U0512592

WTO框架下

与环境有关的贸易措施
及其环境效应研究

——基于中国的视角

唐 克◎著

中国财经出版传媒集团

经济科学出版社
Economic Science Press

·北 京·

图书在版编目（CIP）数据

WTO 框架下与环境有关的贸易措施及其环境效应研究 ：
基于中国的视角／唐克著 . -- 北京 ： 经济科学出版社，
2024. 9. -- ISBN 978 - 7 - 5218 - 2733 - 0

Ⅰ. F743

中国国家版本馆 CIP 数据核字第 20245BX396 号

责任编辑：刘战兵
责任校对：王肖楠
责任印制：范　艳

WTO 框架下与环境有关的贸易措施及其环境效应研究

——基于中国的视角

WTO KUANGJIAXIA YU HUANJING YOUGUAN DE MAOYI
CUOSHI JIQI HUANJING XIAOYING YANJIU
——JIYU ZHONGGUO DE SHIJIAO

唐　克　著

经济科学出版社出版、发行　新华书店经销
社址：北京市海淀区阜成路甲 28 号　邮编：100142
总编部电话：010 - 88191217　发行部电话：010 - 88191522
网址：www. esp. com. cn
电子邮箱：esp@ esp. com. cn
天猫网店：经济科学出版社旗舰店
网址：http: //jjkxcbs. tmall. com
北京季蜂印刷有限公司印装
710 × 1000　16 开　13. 75 印张　200000 字
2024 年 9 月第 1 版　2024 年 9 月第 1 次印刷
ISBN 978 - 7 - 5218 - 2733 - 0　定价：62. 00 元
（图书出现印装问题，本社负责调换。电话：010 - 88191545）
（版权所有　侵权必究　打击盗版　举报热线：010 - 88191661
QQ：2242791300　营销中心电话：010 - 88191537
电子邮箱：dbts@ esp. com. cn）

前言

　　近年来环境问题愈演愈烈，在威胁人类生命健康的同时，也加剧了与贸易的冲突。为了协调贸易与环境的发展，世界贸易组织（WTO）逐步建立起贸易与环境有关的规则，这在一定程度上为WTO成员实施与环境有关的贸易措施提供了支持，因此贸易措施成为WTO成员保护环境的新兴手段。现阶段，与环境有关的贸易措施名目众多且涉及行业广泛。中国作为WTO的主要成员，一方面在使用与环境有关的贸易措施数量上名列前茅，另一方面也要时刻应对WTO其他成员尤其是主要发达成员采取的相应措施。

　　在此背景下，本书对与环境有关的贸易措施进行了深入研究。一方面，本书基于中国的视角，在归纳中国与环境有关的贸易措施特征时，试图发掘中国的重点措施，并在此基础上对重点措施的环境效应进行考察，从而验证有关措施是否促进了中国环境质量的改善，为中国贸易与环境的协调发展提供思路；另一方面，本书试图对WTO主要发达成员与环境有关的贸易措施特点进行归纳总结和国际比较，从而发现规律，为中国贸易政策和环境政策的制定提供证据支撑，也为中国合理运用国际规则提供案例支持。

　　基于此，本书首先对WTO框架下与环境有关的规则及环境议题审议进行了研究。通过对相关贸易措施的案例分析，本书详细阐释了WTO的环境条款及其适用，并对WTO成员与环境有关的贸易措施总体特征进行了归纳总结。此外，本书重点分析了中国在贸易政策审议中提出的环境问题清单，研究表明：环境产品与服务位于中国关注领域的首位。这就为中国环境产品贸易自由化的研究提供了思路。

其次，本书使用归纳总结法、经验借鉴法、比较分析法对 WTO 主要发达成员和中国与环境有关的贸易措施进行了研究。研究结论表明：WTO 主要发达成员都侧重使用支持措施、基于环境要求的措施和环境规制，而较少使用基于价格和市场的措施，如进出口配额和保障措施等。从重点关注的行业来看，欧盟和日本在渔业领域使用的措施条目数最多，而美国和加拿大则重点关注能源业。此外，本书通过梳理 2007～2018 年中国的贸易政策文件，归纳出中国与环境有关的贸易措施的特点：支持措施和基于环境要求的措施使用数目显著；与环境有关的贸易措施主要集中在制造业、能源业和农业；贸易措施提交数目呈现先增后减态势。本书进一步归纳出中国与环境有关的重点贸易措施：出口退税和环境产品贸易自由化措施。

在建立理论模型的基础上，本书得出重要命题：贸易措施通过规模效应、结构效应和技术效应影响环境。规模效应主要体现在贸易措施对企业生产规模的影响上；结构效应是指贸易措施通过调整经济结构和产业构成进而影响环境；技术效应是指贸易措施促进了绿色技术传播和使用，从而影响环境。理论机制的推导发现：规模效应若无法提高生产效率，则会加重环境污染；结构效应对环境的影响具有不确定性，取决于清洁产品和污染产品产出比例的变化；技术效应通常情况下对环境改善起到正向作用。

基于理论模型和机制，本书对中国重点措施的环境效应进行了研究。研究结果表明，中国与环境有关的重点贸易措施对环境质量改善有正向作用。首先，本书以 2007 年的退税政策调整为依据，通过双重差分法（DID）考察了出口退税政策是否有效降低了企业烟尘排放强度，以此说明退税政策调整是否有利于环境保护。结果显示，出口退税率降低显著降低了中国企业烟尘排放强度，在一系列稳健性检验后该结论依然成立。进一步的机制分析表明，技术效应存在并对环境改善起到正向作用，规模效应不显著。异质性分析显示，无论是国有企业还是非国有企业，出口退税下降均显著减轻了其烟尘排放强度。此外，出口退税率降低显著减轻了小规模企业的烟尘排放强度，而对大规模企业烟尘排放强度影响不显著。其次，本书以亚太经合组织（APEC）2012 年环境产品清单为基础，使用最小二乘法（OLS）考察了中国环境产品贸易自由化的环境效应。研究表明，中国企业单位环境产品进口额的增加显著降低了企业烟粉尘排放量，在经过一系列稳健性检验后该结论依然成立。进一步的机制分析表明，规模效应和技术效应存在，结构效应不显著。其中，规模效应增加企业污染排放，而技术效应促进企业排污改善。异质性分析显示，对于国有企业和外资企业来说，单位环境产品进口额的增加对企业烟粉尘排放量有明显的抑制作用，而对于民营企业而言该影响不明显。此外，单位环境产品进口额的增加显著降低了高污染行业烟粉尘排放量，而对非高污染行业则没有明显影响。最后，在环境产品分类中，资源管理类产品和清洁技术与产品的进口对企业烟粉尘排放量的减少作用明显，而污染管理类产品进口对降低企业烟粉尘排放量的作用不显著。

基于以上研究结论，建议中国政府从国际、国内两方面着手采取行动：国际层面，要充分利用 WTO 机制维护自身利益。具体来说，中国要进一步加强 WTO 贸易政策审议环境议题的参与度以便获取相关贸易信息；充分利用 GATT/WTO 与环境保护有关的条款和规则维护合法权益；善于并敢于利用 WTO 争端解决机制应对不公正待遇；主动争取环境产品贸易自由化谈判的优势；积极参与国际规则和国际标准的制定。国内层面，建议中国大力发展环保产业，优化进出口商品结构；加快建立有效应对绿色贸易壁垒的预警机制；加强政府和企业的协同配合，提升企业环保意识；完善环境法规和出口退税政策；量身定制环境产品贸易发展机制。

目　录

第 1 章 引 言

1.1 选题背景

1.1.1 环境问题成为世界各国面临的难题

工业化的高速发展和科技的日益进步使经济全球化和区域经济一体化趋势不断深入，同时也不可避免地造成环境恶化。大气污染、水污染、土壤污染等环境问题，不仅威胁到人类的生存，也制约着全球经济的可持续发展。根据 2021 年世界卫生组织更新的《全球空气质量指导值》，全球 97.3% 的人口生活在空气污染超过建议水平的地方。联合国教科文组织也在 2011 年 3 月 22 日（第 19 个世界水日）宣称："在发展中国家，约 90% 的污水和 70% 的工业废水未经处理排入河道，全球 88% 的疾病可归咎于不安全用水以及缺乏相关卫生设施。"2021 年 2 月 18 日，联合国环境规划署（UNEP）发布《与自然和平相处》报告并指出，气候变化、生物多样性的破坏、环境污染已成为当今世界面临的三大危机，没有任何一个国家可以免遭环境问题的影响。各国在重视国内生产总值的同时，必须重视自然环境，并且将环境的价值纳入经济活动中。

中国也面临着严峻的环境形势。生态环境部发布的《2021 中国生态状况公报》显示：能源方面，2021 年中国能源消费总量 52.4 亿吨标准煤，比 2020 年增长 5.2%，煤炭消费量增长 4.6%，煤炭在中国能源总消费结构中占比高达 56%，因此工业产生的碳排放量巨大，对中国的环境治理带来压力。土壤方面，2021 年全国荒漠化土地面积为 261.16 万平方千米，水土流失面积高达 269.27 万平方千米，其中水力侵蚀面积和风力侵蚀面积分别为 112.00 万平方千米、157.27 万平方千米。生物多样性方面，需要重点关注和保护的高等植物 10102 种，占评估物种总数的 29.3%，其中受威胁的 3767 种；需要重点关注和保护的脊椎动物 2471 种，占评估物种总数的 56.7%，其中受威胁的 932 种。气候变化方面，2021 年全国平均气温 10.53 摄氏度，较常年偏高 1.0 摄氏度，为 1951 年以来历史最高。因此，中国在系统构建生态环境领域顶层设计、推进蓝天碧水净土保卫战、推进绿色低碳发展、加强生态系统保护与修复监管、提升生态环境执法效能等方面依然任重道远。

1.1.2　贸易与环境冲突加剧

贸易作为一项重要的经济活动，与环境有着不容忽视的密切联系。当前，两者的关系主要体现在冲突的升级上。

首先，国际贸易的规模效应加剧了环境恶化。贸易发展无疑扩大了经济规模。尤其对于中国来说，对外贸易是拉动中国经济增长的"三驾马车"之一。经济规模的扩大带来生产活动的增加，不仅加剧了污染排放，而且导致自然资源的过度使用，对生态环境造成严重破坏。此外，贸易的发展离不开运输活动的增加。能源消耗、二氧化硫排放、噪声、有害液体泄漏、交通事故等屡见不鲜，对环境造成了极大的负面影响。

其次，环境保护在一定程度上对贸易造成了冲击。出于保护环境的考虑，WTO 制定了环境例外条款。然而在国际贸易中，一些 WTO 发达成员假借环境保护之名，实施绿色贸易壁垒，体现出浓厚的贸易保护主义色彩。近些年来，绿色贸易壁垒展现形式愈发多样、涉及范围愈发广泛，从纺织、服装到农产品、食品、玩具，严重背离了自由贸易原则。中国也频频遭遇西方发达国家的绿色贸易壁垒，贸易利益受到损害。

1.1.3　GATT/WTO 逐渐重视贸易与环境协调发展

面对贸易与环境的冲突，WTO 开始致力于协调贸易发展与环境保护。首先，WTO 确立了与环境保护有关的条款及其适用。在 GATT/WTO 的一般例外条款、《卫生与动植物检疫措施协议》《技术性贸易壁垒协议》中都存在环境例外条款，允许成员必要时可采取违反 GATT 保障自由贸易规则的措施，以保障人类、动植物生命健康及环境保护。其次，WTO 贸易政策审议对环境议题的关注日益加深。一方面，WTO 秘书处报告和政府政策声明中越来越多地提及与环境有关的贸易措施；另一方面，WTO 贸易与环境司负责研发和更新 WTO 环境数据库，对各成员贸易文件中与环境有关的贸易措施进行统计和披露。WTO 贸易政策审议也逐渐成为 WTO 成员获取与环境有关的贸易措施的信息平台。最后，WTO 致力于推动环境产品贸易自由化。由于环境产品具有环保特性，因此环境产品贸易可以作为实现贸易与环境协调发展的重要途径之一。早在 2002 年，WTO 贸易谈判委员会就授权贸易与环境特别委员会（CTESS）要求各成员针对"酌情削减或取消环境产品和服务的关税和非关税壁垒"进行重点谈判。虽然环境产品贸易自由化道路困难重重，但《环境产品协定》谈判作为 WTO 体制下的诸边协定谈判有望重启，这将为贸易与环境的冲突带来新的解决方案。

1.1.4　贸易措施成为 WTO 主要成员保护环境的新兴手段

WTO 与环境有关的条款在一定程度上为 WTO 成员实施与环境有关的贸易措施提供了支持。2009～2019 年，WTO 贸易与环境司共披露了 8627 条与环境有关的贸易措施。其中，欧盟、中国、美国、加拿大、日本位居条目数的前 5 位，提交的条目数分别为 342 条、335 条、330 条、230 条和

177 条。事实上，近些年来，WTO 主要成员为实现环境保护而采取相应贸易措施的案例屡见不鲜，而且这些贸易措施的种类、名目众多。这其中既包括限制措施，如进出口许可、进出口配额、技术法规或规范、检疫要求、禁止措施等，也包括支持措施，如税收减免、政府采购、非货币性支持等。在这些措施中，禁止措施、技术法规或规范、补助金及直接付款等使用数目显著，而贸易救济措施，如保障措施、反倾销措施、反补贴措施，在环境问题上使用较少。另外值得注意的是，自 2012 年起，WTO 主要成员实施的与环境有关的贸易措施数目呈现出不断增长的趋势。这在一定程度上表明贸易措施作为保护环境的新兴手段逐渐得到 WTO 主要成员的青睐。此外，与环境有关的贸易措施涉及的行业广泛，涵盖了能源业、农业、渔业、服务业、制造业、林业等一系列行业。中国作为 WTO 主要成员之一，一方面在使用与环境有关的贸易措施数量上名列前茅，另一方面也要时刻应对 WTO 其他成员尤其是主要发达成员采取的相应措施。

1.1.5 中国采取一系列贸易措施实现环境保护目的

为了实现贸易与环境的协调发展，中国近年来采取了一系列与环境有关的贸易措施，如税收减免、禁止措施、进出口许可、技术法规或规范、出口配额等。这些措施涉及制造业、能源业、农业、渔业、林业等领域，并在贸易平衡、结构调整以及环境保护方面取得了初步效果。其中，出口退税和环境产品贸易自由化措施尤为引人注目。

出口退税方面，从 1994 年税制改革开始，中国历经 5 次出口退税的大幅度调整。2007 年以前出口退税率的调整主要是实现鼓励企业出口、增加财政收入等目的，而 2007 之后的调整则明显着眼于环境保护。从 2007 年起，中国分批降低部分"高污染、高耗能、资源性"（简称"两高一资"）产品的出口退税率，用以限制产品出口，减轻对国内资源和环境的压力，中国开始试图通过出口退税优化出口商品结构，控制"两高一资"产品的出口。进一步，为抑制资源型、高污染型贸易产业的发展，中央再次对出口退税进行调整。其中，部分化学品、钢材及贱金属、化工制品等"两高一资"产品的出口退税率下降了 11.1%。之后中国在 2008 年进一步取消"两高一资"产品的出口退税率，在 2018 年对"两高一资"产品的出口退税率保持不变，这表明出口退税作为重要的绿色贸易手段已经成为转变贸易发展方式、促进节能减排"一揽子"政策措施的重要组成部分，并取得了一定效果。

环境产品贸易方面，中国作为 WTO 主要成员，长期以来积极推动环境产品贸易自由化进程。首先，中国全程参与 WTO《环境产品协定》谈判并取得实质性成果。中国作为主要发起者、推动者和参与方，自 2014 年 7 月到 2016 年 12 月全程参与了 18 轮谈判，旨在通过削减关税和非关税壁垒推动环境产品贸易自由化。其次，中国在环境问题清单中重点关注环境产品与服务。最后，中国大力发展环境产品贸易。中国海关进出口数据显示，2017 年中国环境产品进出口总额达到 1659.52 亿美元，相较于 2001 年的 138.96 亿美元，扩大了 11.94 倍，增长速度极快。

在此背景下，一方面，本书基于中国的视角，试图归纳出中国与环境有关的贸易措施特征和重点贸易措施，并在此基础上研究重点贸易措施的环境效应，考察其是否促进了中国环境质量的改善；另一方面，本书对 WTO 主要发达成员的贸易措施进行了定性分析和国际比较，从而发现规律、总结共性和差异，为中国相关政策的制定提供思路。

1.2　选 题 意 义

1.2.1　理 论 意 义

1. 丰富了贸易措施与环境关系的理论研究

贸易与环境一直以来备受关注。虽然国内外学者对于该问题的理论研究取得了一定成果，但仍然存在诸多局限性。本书以环境资源价值理论、外部性理论和可持续发展理论为基础，并将贸易措施影响环境的链式反应评价方法（chain reaction assessment method，CRAM）与安特魏勒等（Antweiler et al.，2001）的一般均衡模型相结合，完善了贸易措施影响环境的理论模型。在机制分析中，本书较为全面地考察了贸易措施通过规模效应、结构效应、技术效应影响污染排放的途径，并分别对出口退税和环境产品贸易自由化两种贸易措施影响环境的理论机制进行了分析，进一步丰富了该领域的理论研究。

2. 有利于完善贸易措施对环境影响的实证研究

现有文献对于贸易措施环境效应的实证分析有待完善。尤其是环境产品贸易自由化作为一项重要的与环境有关的贸易措施，鲜有学者对其环境效应进行实证研究。本书尝试使用中国微观企业层面数据，以单位环境产品进口额作为环境产品贸易自由化的度量指标，探讨中国环境产品贸易自由化是否有利于环境改善。此外，现有研究环境产品贸易自由化环境效应的文献中，缺乏对环境产品的子样本分析。事实上，环境产品分为不同类别，本书将环境产品进行细分，分别考察了不同类别环境产品的环境效应。最后，在出口退税和环境产品贸易自由化环境效应的机制检验中，本书分别验证了规模效应、结构效应和技术效应，进一步完善了该领域的实证研究。

1.2.2 实践意义

1. 为中国贸易政策和环境政策的制定提供证据支撑

一是本书致力于分析 WTO 主要成员（如美国、欧盟[①]、日本、加拿大）与环境有关的贸易措施使用情况。虽然不同国家和地区所处的发展阶段以及对环境的重视程度不同，但发达国家为实现环境保护而采取的贸易措施对中国相关贸易政策和环境政策的制定具有一定借鉴意义。二是本书

———————

① 欧盟作为整体接受贸易政策审议。

在关注中国环境问题清单的同时，也十分重视 WTO 其他成员对中国环境议题的关注点，因此可以更有针对性地制定相关政策。三是本书考察了中国重点措施的环境效应并进行了一系列异质性分析，为实现政策作用点更加精确、政策作用力更加高效提供了有力支撑。

2. 对中国合理运用国际规则具有指导作用

美国、欧盟、日本、加拿大等发达成员利用环境保护旗号对中国采取的贸易限制措施是否违反了 WTO 的环境条款有待考证。本书通过部分案例阐述了 WTO 框架下与环境保护有关的条款及其适用，为中国有效应对不公正待遇和绿色贸易壁垒提供了经验，有利于中国进一步提升运用国际规则的能力，对中国积极参与贸易政策审议、合理利用 WTO 争端解决机制起到了积极作用。

3. 为中国贸易与环境的协调发展提供思路

贸易与环境一直以来是中国关注的焦点，如何在不损害环境或将环境成本最小化的基础上实现经济增长已成为中国亟须解决的难题。当下《环境产品协定》谈判停滞不前，环境污染日益加剧，人类的生命健康受到威胁。本书首次使用 WTO 环境数据库，归纳出中国与环境有关的重点贸易措施为出口退税和环境产品贸易自由化，并考察了这两项措施的环境效应。在此基础上，本书提出了政策完善建议，这对于协调贸易与环境的发展具有一定的现实意义。

1.3　研 究 内 容

本书研究的具体内容如下：

第 1 章为引言。介绍本书的研究背景、研究意义、研究内容、研究大纲、研究方法以及本书的创新之处。

第 2 章为文献综述。文献综述主要包括贸易影响环境的相关研究、贸易政策的相关研究、环境产品贸易自由化的环境效应研究、出口退税和环境规制对环境质量影响的研究。通过梳理现有文献，为本书的行文思路和实证研究的数据、方法、基础模型选择做准备。

第 3 章为 WTO 框架下与环境有关的规则及环境议题审议。首先，本章分析了 WTO 关于环境保护的原则、GATT/WTO 中与环境保护有关的条款及其适用。其次，本章梳理了与环境有关的贸易措施的具体条款，并归纳出主要特征。最后，通过研究中国在贸易政策审议中提出的环境问题清单可以看出环境产品与服务是重点关注领域。

第 4 章为 WTO 主要发达成员与环境有关的贸易措施实践。本章对 WTO 主要发达成员（欧盟、美国、加拿大、日本）与环境有关的贸易措施分别进行了定性研究，归纳出各成员贸易措施的主要特征，并在此基础上进行国际比较，总结共性和差异。

第 5 章为中国与环境有关的贸易措施实践。本章首先通过现状分析，总结出中国与环境有关的贸易措施特点，进一步的研究表明，中国重点贸易措施是出口退税和环境产品贸易自由化。其次，本章梳理了中国出口退税政策的演进和发展。最后，本章详细阐述了中国参与《环境产品协定》谈判的情况，并归纳了中国环境产品贸易的主要特征。

第 6 章为贸易措施对环境影响的理论基础及机制。首先，本章阐述了贸易措施影响环境的理论基础，并将贸易措施影响环境的链式反应评价方法（chain reaction assessment method，CRAM）与安特魏勒等（Antweiler et al.，2001）的一般均衡模型相结合，完善了贸易措施影响环境的理论模型。其次，本章从理论上阐释了贸易措施影响环境的机制，即规模效应、结构效应和技术效应，并对这三大效应进行了量化。

第 7 章是中国出口退税措施环境效应的实证分析。首先，本章以 2007 年出口退税大幅度调整作为政策冲击，采用双重差分法（DID）研究中国出口退税的环境效应并展开一系列稳健性检验，以确保研究结论的可靠性。其次，本章对出口退税影响环境的机制进行验证。最后，展开一系列拓展性讨论。

第 8 章是中国环境产品贸易自由化环境效应的实证分析。本章使用最小二乘法对中国环境产品贸易自由化的环境效应进行实证分析。首先，在基准回归的基础上进行一系列稳健性检验和内生性处理。其次，基于规模效应、结构效应和技术效应进行机制检验。最后，展开异质性分析。

第 9 章是结论与政策建议。本章阐述了主要研究结论和不足之处，并在此基础上提出了政策建议和未来研究展望。

1.4　研究方法与技术路线

本书使用了以下研究方法：

一是文献调查法。通过查阅大量文献，了解国内外学者对于贸易与环境关系的研究现状，总结文献的成果和不足，为本书的研究提供思路。

二是经验借鉴法。通过阅读经典文献和分析典型案例，学习经典理论和研究方法，从中找出贸易政策影响环境的机制、环境产品贸易自由化和环境质量相关指标的度量方式。在案例选取方面，本书选取具有典型特征的贸易措施进行分析，做到"知得全面、辩得分明"，为中国相关政策的制定提供实践佐证。

三是比较分析法。对比 WTO 主要成员采用的与环境有关的贸易措施，知己知彼，进一步完善中国贸易政策和环境政策的制定。

四是归纳总结法。通过定性分析，首先总结出中国与环境有关的贸易措施特点；其次归纳出中国重点采取的贸易措施；最后阐明并归纳贸易政策影响环境的机制，即规模效应、结构效应、技术效应。

五是实证分析法。本书对理论模型的结论构造实证模型，使理论分析与实证分析相结合。在此基础上，本书利用中国工业企业数据库、中国海关进出口数据库、绿色发展数据库、中国工业企业污染数据库的数据进行实证研究。具体实证分析的方法包括双重倍差法（DID）、普通最小二乘法（OLS）、工具变量等估计方法。

本书技术路线如图 1.1 所示。

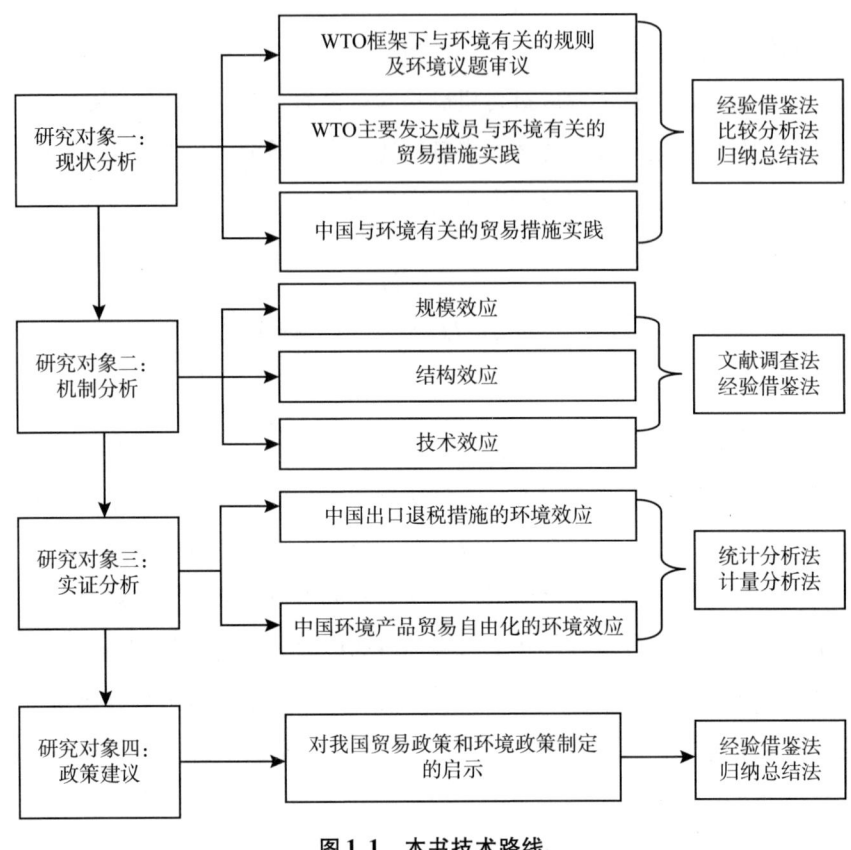

图 1.1 本书技术路线

1.5 相关概念界定

1.5.1 WTO 框架的含义

本书重点研究 WTO 框架下与环境有关的贸易措施。对于 WTO 框架，可从以下方面进行理解：

一是 WTO 确立了一套与环境有关的规则，包括与环境保护有关的条款及其适用。因此，WTO 成员在实施一系列与环境有关的贸易措施时，需要考虑是否违背了有关条款的规定。

二是与环境有关的贸易措施由 WTO 贸易与环境司统计、分类并收录于 WTO 环境数据库（EDB）。EDB 包括 WTO 成员提交的所有与环境有关的通告，以及 WTO 成员的贸易政策审议中提到的与环境有关的贸易政策和措施。EDB 免责声明指出，环境数据库根据 WTO 秘书处的职责编制，不损害 WTO 成员的立场。WTO 定期审议成员的贸易政策文件，包括由政府编写的政策声明和由 WTO 秘书处独立编写的详细报告。自 2009 年起，EDB 由电子数据库（Excel 格式）和纸质记录（Word 格式）组成。因此，与环境有关的贸易措施来自由政府和 WTO 秘书处编写的贸易政策文件（WTO/TPR/G/ * 和 WTO/TPR/S/ * ）。

三是本书以 WTO 多边贸易体制为基础，重点研究了 WTO 主要发达成员与环境有关的贸易措施使用情况和特点。一方面，WTO 发达成员需要按照 WTO 贸易政策审议机制定期接受贸易政策审议，这为与环境有关的贸易措施收集提供了重要渠道。另一方面，WTO 主要发达成员在世界经济与国际贸易中有着举足轻重的地位和作用，最近代表期内世界贸易份额最大的 4 个成员接受贸易政策审议的频率要远高于其他成员，因此他们采取的与环境有关的贸易措施无论从代表性还是典型性上都更为广泛，能够从中发掘特点，研判趋势，为中国相关政策的制定提供思路。

四是中国作为 WTO 主要成员，提交的与环境有关的贸易措施条目数位居前列。本书试图通过整理 WTO 贸易政策文件，判断中国使用与环境有关的贸易措施的情况，归纳重点贸易措施，并在此基础上研究重点措施的环境效应。其中，出口退税作为重点措施的依据来自其在 WTO 秘书处报告中出现的频率，而环境产品贸易自由化作为重点措施的依据来自中国参与 WTO 贸易政策审议时提出的环境问题清单。

1.5.2　与环境有关的贸易措施

除了环境产品贸易自由化措施外，WTO 贸易与环境司将涉及与环境相关的贸易措施共分为五类，分别是基于环境要求的措施、基于价格和市场的措施、支持措施、其他措施和环境规制。其中既包括为实现环境保护而采取的贸易限制措施，如进口许可、出口许可、进口配额、出口配额、禁止措施等，也包括具有潜在贸易影响的环境措施，如环境规制，还包括一系列支持措施，如税收减免、政府采购等。在此基础上，WTO 贸易与环境司又将前四类措施进行细分，具体分类见表 1.1。

表 1.1　　　　　　　　**WTO 与环境有关的贸易措施分类**

措施分类	具体措施
基于环境要求的措施	技术法规或规范（technical regulation or specifications）
	合格评定程序（conformity assessment procedures）
	禁止措施（ban/prohibition）
	风险评估（risk assessment）
	检疫要求（quarantine requirements）
	影响物流或运输的规制（regulation affecting movement or transit）
	进口许可（import licenses）
	出口许可（export licenses）
	知识产权措施（intellectual property measures）
	其他环境要求（other environment requirements）
基于价格和市场的措施	反补贴措施/调查（countervailing measure/investigation）
	反倾销措施/调查（anti-dumping measure/investigation）
	保障措施/调查（safeguard measure/investigation）
	进口配额（import quotas）
	出口配额（export quotas）
	进口关税（import tariffs）
	出口关税（export tariffs）
	国内税（internal taxes）
	其他基于价格和市场的措施（other price and market based measures）

措施分类	具体措施
支持措施	补助金及直接付款（grants and direct payments）
	税收减免（tax concessions）
	贷款和融资（loans and financing）
	收入或价格支持（income or price support）
	非货币性支持（non-monetary support）
	政府采购（public procurement）
	其他支持措施（other support measures）
其他措施	贸易协定中的环境条款（environment provisions in trade agreements）
	投资措施（investment measures）
	未明确的措施（not specified measures）
	其他措施（other measures）
适用于贸易政策审议的环境措施	环境规制（general environment reference）

资料来源：WTO 贸易与环境司。

1.5.3 出口退税

出口退税是指在国际贸易中对某些符合条件的出口产品退还在国内生产和流转环节已缴纳的增值税和消费税。这样，出口货物可以不含税的价格进入国际市场，有利于增强其国际竞争力。《关税与贸易总协定》（GATT）对出口退税进行了相应的解释说明，强调对出口产品免征国内税，或者国内税的免除数额不超过相应的增加值，则不应该被视为补贴。此外，GATT 第 3 条、第 6 条的第 4 款也将出口退税排除在补贴、倾销等不公平的贸易行为之外，为出口退税的合法性提供了依据。WTO 贸易与环境司将出口退税列为税收减免（tax concessions）措施。

通过调整不同产品的出口退税率，出口退税可以影响产业结构以及生产规模。因此，为实现资源的有效配置，出口退税已逐渐成为一国重要的政策工具。出口退税与环境的关系也可以通过调整出口退税率实现，如下调高污染、高能耗、资源性产品的出口退税率，甚至取消这些产品的出口退税，用以限制污染性产品出口，从而缓解一国环境压力。因此，出口退税作为一项与环境有关的贸易措施逐步得到 WTO 成员的广泛使用。

1.5.4 环境产品贸易自由化

《多哈部长宣言》第 31（iii）段提出环境产品和服务（EGS）议题，并明确指出"就酌情削减或取消环境产品的关税和非关税壁垒进行谈判"，以协调贸易和环境的发展。因此，环境产品贸易自由化成为 WTO 认定的重要贸易措施。

迄今为止，对环境产品的定义尚未达成共识。目前世界上主流的三个环境产品的定义分别来自亚太经济合作组织（APEC）、经济合作与发展组织（OECD）、联合国贸易与发展会议（UNCTAD）。其中，APEC 侧重于从产品功能角度出发定义环境产品："环境产品应能解决或预防有关环境问题，比如提供水资源再利用、公害和废弃物管理等，而提供该类产品的企业可划归于环境企业。"OECD 给出的定义与 APEC 类似，但重点提到了清洁技术及相关服务业："环境产品应为有关环境问题提供测量、防止、限制，使其对环境的负面影响最小。这里包含了可以减少环境风险和环境污染的清洁技术、产品和相关服务业。"UNCTAD 认为，"环境产品应在其生命周期内的某个环节（生产、加工、使用、处理）与其可替代产品相比为环境带来更多好处"。这个定义则体现了环境产品在整个生命周期内的环保属性。

本书综合各方对环境产品的定义，归纳出环境产品应具备以下特征：第一，有助于限制、减少环境污染和环境破坏或能对环境问题进行处理和修复；第二，在其生产和使用过程中比其他具有相似功能的产品更具有环保属性；第三，具有技术优势且能够对环境带来实质性的益处。当下WTO 成员普遍认可的环境产品清单是 APEC 2012 年环境产品清单，该清单共涉及不同环境用途的 54 项环境产品 HS 编码，主要为污染管理类产品、资源管理类产品、清洁技术与产品、环境友好型产品。由于 APEC 2012 年环境产品清单对关税产生了实质影响，而且 WTO《环境产品协定》谈判以 APEC 2012 年环境产品清单作为基础清单，因此本书选取该清单为样本来研究环境产品贸易。

基于以上讨论，本书认为环境产品贸易应具备以下特点：首先，作为"绿色"的国际贸易，环境产品贸易符合自然环境承载能力，即在原材料和产品的生产、加工、使用过程中将环境成本降到最低；其次，环境产品有明确的 HS 编码，是清单上所列的实物；最后，环境产品贸易的最终目的是实现可持续发展，因此各国应尽可能削减环境产品贸易壁垒，实现环境产品贸易自由化。

1.6　本书创新之处

1.6.1　研究对象的创新

以往贸易与环境问题的研究对象多为贸易自由化与环境质量、环境规制和绿色经济增长、国际贸易和环境污染，也有对区域贸易协定、多边环境协议等方面的研究，但少有对与环境有关的贸易措施的研究。而本书首次尝试使用 WTO 环境数据库（environmental database），选取 2007～2018 年提交与环境有关的贸易措施条目数最多的 5 个国家和地区（欧盟、中国、美国、加拿大、日本）为样本，研究其在 WTO 框架下所涉及的 31 种与环境有关的贸易措施使用情况，拓展了贸易与环境问题的研究领域。此外，之前对于 WTO 的研究多集中在贸易领域，而本书通过分析 WTO 的环境条款、WTO 贸易政策审议中的环境议题，丰富了对 WTO 在环境领域的研究。

1.6.2　研究视角的创新

国内外对于环境产品贸易自由化的研究，多从环境产品出口的角度出发，鲜有文献从环境效应角度研究环境产品贸易自由化。事实上，环境产品贸易自由化的目的就是在发展贸易的同时尽可能减少环境污染。因此，从环境效应角度进行研究似乎更具现实意义。在仅有的环境产品贸易自由化环境效应文献中，作者从国家、行业层面研究了环境产品贸易自由化是否有利于环境改善。而本书选取微观企业层面的数据，从企业进口环境产品的角度来研究环境产品贸易自由化的环境效应。这无疑拓宽了研究视角，毕竟环境产品贸易自由化最终影响的是企业进口行为。此外，本书选择出口退税和环境产品贸易自由化作为重点贸易措施进行环境效应研究，是基于中国的视角：一方面，出口退税在中国提交的与环境有关的贸易措施条目数中占比最高；另一方面，中国环境问题清单中最关心的领域是环境产品与服务。因此，本书为研究贸易与环境问题提供了新的研究视角。

1.6.3　理论模型和机制检验的创新

本书将贸易措施影响环境的链式反应评价方法（chain reaction assessment method，CRAM）与安特魏勒等（Antweiler et al.，2001）的一般均衡模型相结合，完善了贸易措施影响环境的理论模型。此外，以往的文献并未对出口退税和环境产品贸易自由化措施影响环境的机制进行详细阐述。本书根据贸易措施环境效应的理论机制，对出口退税和环境产品贸易自由化影响环境的机制进行理论推导，并首次对这两大贸易措施的规模效应、结构效应、技术效应进行了机制检验。

1.6.4　指标度量和拓展分析的创新

鲜有文献研究环境产品贸易自由化的结构效应，本书根据理论机制，选取洁净燃气消费量/燃料煤消费量作为结构效应的度量指标，对环境产品贸易自由化的结构效应进行机制检验。该指标可以反映清洁能源和传统能源消耗的比重，因此可以在一定程度上衡量环境产品贸易自由化是否改变了企业要素投入的结构。通常情况下，洁净燃气消费量/燃料煤消费量这一比值越大，洁净燃气消费越具备比较优势，企业环境质量越易改善。因此，指标度量是本书的创新点之一。此外，以往的文献缺乏对环境产品的子样本分析。事实上，环境产品分为不同类别。本书基于 APEC 2012 年环境产品清单，在环境产品贸易自由化环境效应的拓展分析中将环境产品进行细分，分别考察了不同类别环境产品的环境效应，可看作本书的另一创新。

第 2 章　文 献 综 述

自 20 世纪 70 年代起，环境问题就开始引起全球的广泛关注，寻找可持续的经济发展模式成为近几十年来讨论的热点。在此背景下，贸易与环境问题逐渐进入经济学家的视野，大量关于贸易与环境的研究成果开始涌现。本书的文献综述主要回顾了国内外学术界关于国际贸易与环境的相关研究成果，包括国际贸易对环境质量的影响、环境产品贸易自由化的环境效应以及贸易政策与环境的相关研究三方面内容，并做出相应评述。

2.1　国际贸易影响环境的相关研究

从 20 世纪 70 年代开始，经济学家与环境保护者对于贸易对环境的影响一直争论不休。自由贸易论学者认为，国际贸易不仅可以优化资源配置，还可以促进绿色技术传播，因此有利于环境保护；而环境保护论者则认为，随着经济全球化发展的进一步加深，贸易与环境更加紧密地联系在一起，贸易发展扩大了生产规模和运输规模，必然增加污染排放，同时导致资源要素的过度开发和使用，这都会严重破坏自然环境。为了深入研究贸易与环境之间的相互作用机制，并在传统的国际贸易理论分析模型中加入环境要素，国内外学者做了进一步深入研究。

2.1.1 国际贸易影响环境质量的理论研究

1. 宏观层面的理论研究

国际贸易通过三大效应影响环境，但总体效应的正负性尚未明确。1992 年 8 月 12 日，美国、加拿大和墨西哥三国签署了《北美自由贸易协定》(North American Free Trade Agreement)，这引起了有关人士对于贸易与环境问题的激烈讨论。不少人认为自由贸易的发展会加剧墨西哥生态环境的恶化。但在当时，并不存在关于贸易对环境影响的一般性结论。格罗斯曼和克鲁格 (Grossman and Krueger, 1991) 是当时研究国际贸易对环境影响的先锋人物，他们在估计了环境库兹涅茨曲线后，提出了国际贸易影响环境的效应模型，即规模效应、结构效应和技术效应，这也是后续理论发展的主要基础。这里的环境库兹涅茨曲线是指收入和污染的关系呈现出"倒 U 形"关系，在初始阶段，环境污染会随着收入的增加而增加，但在收入达到一定水平之后，环境污染又会随着收入的进一步增加而减少。规模效应则意味着贸易自由化将导致一国生产规模的扩大，从而引发污染排放增加的现象。结构效应通过改变一国的产业结构比例来影响环境，其对环境的正负作用不明确，主要取决于结构效应是否降低了污染密集型行业的比重或者提高了清洁行业的占比。技术效应通常是指先进生产技术、绿色技术通过贸易进行传播，有利于全球范围内的技术进步，从而改善环境。由于贸易的三种效应同时作用于环境，因此，贸易环境效应的正负性尚不明确。

南北贸易模型是早期有关国际贸易影响环境质量的主流理论模型之一。该理论模型由科普兰和泰勒 (Copeland and Taylor, 1994) 提出，其假设世界上存在两种类型的国家，即发达国家和发展中国家，分别称为北方和南方，并假设污染导致的损害仅限定于产生污染排放的国家，即污染不存在跨国流动。同时，该模型引入环境规制变量，并将其与国民收入进行关联，即收入越高代表人们越倾向于更高的环境质量，因此环境规制强度越高。学者们在上述前提下研究南北国家的贸易流动是否会加剧各国污染物的排放。

首先，南北贸易模型阐述了规模效应、结构效应、技术效应对环境的影响。科普兰和泰勒（Copeland and Taylor，1994）认为，从规模效应来看，贸易扩张会对南方国家的环境质量产生不利影响。一方面，北方国家国民收入普遍高于南方国家，因此北方国家的环境规制更为严格，这将有效减小污染密集型产业规模。而南方国家情况刚好相反。另一方面，环境规制较为宽松的南方国家试图牺牲环境，生产并出口污染型产品以实现国际贸易带来的经济增长。从技术效应角度来看，随着贸易的发展，北方国家的先进技术势必会传播到南方国家，后者要么提高生产效率或者资源使用率，要么改善污染处理技术，这都会使单位产品的平均污染水平下降，也就是说技术效应在一定程度上可以抵消规模效应带来的环境破坏。南北国家之间的贸易除了会带来规模效应和技术效应外，还会带来结构效应，即改变各国的产出结构。但现实中，南方国家的环境规制较为宽松，污染产业在南方国家更具有比较优势，结构效应并不一定可以改变南方国家现有的产业结构。他们的研究结果表明，当南北方国家只存在人力资本的差异时，污染产业才会从北方转移到南方。此外，当经济发展方式由封闭式转为开放式时，环境规制的作用突显。环境规制严格的国家会减少污染排放，而环境规制宽松的国家会增加污染排放。

其次，南北贸易模型进一步考虑了环境资源的产权特征。同样基于南北贸易模型，奇奇尔尼斯基（Chichilnisky，1994）认为，造成环境破坏的并非国际贸易，而是环境资源所有权的差异。南北贸易在这一过程中只是起到了催化剂的作用。该观点充分体现了环境资源价值理论将环境资源视为稀缺资源并具备经济价值。由于对环境资源产权界定模糊，南方国家通常过度使用环境资源；与之相反的是，北方拥有相对完善的私人环境资源产权。因此，南北方环境资源产权的差异足以推动环境资源产品的贸易。北方可以大量进口和消费来自南方的环境密集型产品，这将导致南方生态环境的进一步恶化。

最后，有关学者拓宽了南北贸易模型中污染排放的假设范围，由局部性延伸至全球性。值得注意的是，科普兰和泰勒（Copeland and Taylor，1995）提出了一项解决环境问题的有效措施，即允许交易污染排放许可证。显然，该措施既考虑到环境资源产权，又考虑到环境成本的外部性。在此基础上研究贸易、收入与环境的关系更有现实意义。他们的研究结果表明：发放和交易污染排放许可证可以降低全球污染排放；南北国家收入差距的加大会进一步恶化全球环境；环境规制的改变可能会对贸易流向产生影响，但不会改变全球污染物排放水平。在此基础上，科普兰和泰勒（Copeland and Taylor，2004）将两国南北贸易理论模型拓展为多国贸易模型，并发现北方污染排放水平的下降会促进南方污染排放水平的下降；若多国发放和交易污染排放许可证，则会降低所有国家社会福利，全球污染物排放总量上升。

可以看出，南北贸易模型前提假设的改变将直接影响研究结论，甚至可以得出截然相反的结论。不同前提假设下的南北贸易模型普遍认为贸易扩张倾向于使得北方国家的环境更加清洁，南方国家的环境更加恶化。但该模型并未能清晰地识别和度量贸易引起的结构效应、技术效应，以及在影响环境的过程中，这两种效应是如何抵消规模效应对环境的负向影响。因此，对于贸易影响环境的机制和路径还需进一步讨论。

2. 微观层面的理论研究

微观层面上对于贸易环境效应的理论研究主要集中在结构效应和技术效应上。梅利茨（Melitz，2003）提出的模型为这两大效应的深入研究奠定了理论基础。该模型在考虑企业异质性的基础上研究贸易自由化和企业决策的关系，结果表明，国际贸易显著影响企业决策。由于贸易自由化对行业结构和生产率产生影响，因此企业在是否出口以及是否采用新的生产技术上会重新抉择。

对于结构效应的研究大致可以归纳为两类：一类是对行业内企业结构

调整的研究；另一类是对企业产品结构调整的研究。前者的典型代表是克莱克梅尔和李希特（Kreickemeier and Richter，2014），他们在梅利茨（Melitz，2003）模型的基础上加入了环境要素，研究结果显示，贸易自由化促进生产率较高的企业扩大了生产规模，进而改变了行业内企业结构，使污染排放量发生改变。此外，江永红等（2020）通过研究中国部分商品的出口贸易现状发现，限制"两高一资"产品的出口贸易可以促进要素资源逐渐向创新型企业流动，有利于改善传统重工业的环境污染。后者的典型代表是巴罗斯和奥利佛（Barrows and Ollivier，2014），他们通过产品结构效应来验证企业出口决策是否对二氧化碳排放强度有显著影响。研究结果显示，企业出口决策影响了不同产品产出数量的比例，从而改变了企业污染物排放量。

技术效应方面的研究主要体现在企业出口决策是否改变了企业污染排放强度。佛斯利德等（Forslid et al.，2011）和里卡德（Rikard et al.，2018）都从企业异质性角度进行深入分析。前者构建了一个异质性贸易模型，并假设企业可以自主决定是否采用减排技术和是否出口，然后以瑞典企业作为研究对象，最后得出结论：生产规模大的企业倾向于投资减排技术，降低污染排放；出口决策与企业减排技术投资正相关、与企业污染排放强度负相关。后者得出的结论与前者一致，并对结论进行了补充：若发生贸易的两个国家具有同等的禀赋条件，那么贸易自由化对两国的污染排放总量没有影响。此外，刘传江等（2017）、胡妍斌等（2019）也从技术效应的作用机制角度来研究贸易自由化对中国企业污染排放的影响，武力超等（2020）则是使用绿色技术创新专利授权数量对技术效应进行衡量。普遍的研究结果表明，技术效应对环境质量的改善具有正向作用。

2.1.2 国际贸易影响环境质量的实证研究

在有关国际贸易影响环境质量的实证分析类型的文献中，较为常用的研究模型为 ACT 模型，中国也经常使用该模型研究贸易与环境问题。此外，相当多的文献聚焦于探讨贸易自由化中规模效应、结构效应和技术效应对环境造成的影响。尽管不同文献的研究重点不同，但是因为规模效应的传导机制相较于其他两个效应较为简单，大多数学者更加关注对结构效应和技术效应的分解分析。此外，在研究中所选用的不同数据和计量方法都可能会导致截然不同的结论。国际贸易的环境效应究竟如何，目前学术界尚未得出统一结论。就研究结论来看，无非三种情况：一是国际贸易对环境带来正向作用；二是国际贸易加剧了环境恶化；三是国际贸易的环境效应具有不确定性。多数学者认为国际贸易对环境的影响复杂多变，尚不能明确。国际贸易影响环境的实证研究相较于理论研究起步较晚，直到21世纪初期才逐渐涌现，格罗斯曼和克鲁格（Grossman and Krueger，1991）奠定了国际贸易对环境质量影响实证研究的主流方法论基础。

首先，一些文献支持了国际贸易会改善环境的观点。安特魏勒等（Antweiler et al.，2001）在关于国际贸易影响环境质量的经典实证研究中，基于格罗斯曼和克鲁格（Grossman and Krueger，1991）提出的三大效应理论，引入污染需求与供给模型，选用1971～1996年43个国家108个城市的二氧化硫数据进行实证分析，研究国际贸易是否对二氧化硫排放强度造成影响，并试图测算三大效应的大小。实证结果表明，整体来说，贸易自由化降低了二氧化硫排放强度，对环境起到了改善作用。具体来说，规模效应显著增强了二氧化硫排放强度，技术效应显著降低了二氧化硫排放强度，结构效应对二氧化硫排放强度的影响作用较小。从环境整体改善的结果可以推测，三种效应的大小排序应该为技术效应、规模效应、结构效应，技术效应对环境的正向作用大于规模效应对环境的负向作用。此外，党玉婷和万能（2007）使用三效应模型，利用中国1994～2003年的数据进行实证研究，结果显示，结构效应和技术效应有利于中国环境质量的好转，且这种正向影响不断递增。

其次，部分文献认为国际贸易对环境的影响不确定。科尔和埃利奥特（Cole and Elliott，2003）在安特魏勒等（Antweiler et al.，2001）研究的基础上，重点考察了贸易的结构效应对环境的影响。他们为此引入了资本和环境规制两个影响结构效应的重要因素。一方面，污染密集型行业多是资本密集型，最初是由各国的要素禀赋决定的；另一方面，环境规制可以引起产业结构的变化，实现要素资源的重新分配。从某种意义上说，结构效应对环境发挥正向或负向作用取决于要素禀赋和环境规制谁能占据主导位置。研究结果显示：在考虑资本要素和环境规制条件下，贸易的结构效应要远小于技术效应和规模效应；国际贸易改善环境质量的结论只适用于部分污染排放物如二氧化硫排放量，但其他污染物质并不支持这个结论。此外，付鑫和张云（2019）使用固定效应模型对中国内地除西藏自治区以外的 30 个省、自治区以及直辖市对外贸易的环境效应进行了实证研究，结论显示：第一，中国东部沿海省份贸易规模和质量都远远超过中国中西部内陆省份，而西部省份与中部省份的贸易差异在 2012 年之后不断减小。第二，国际贸易对地区环境污染程度带来十分显著的影响，环境污染程度与贸易规模存在正相关关系，与贸易质量存在负相关关系，并且国际贸易的环境效应在不同区域异质性十分明显。第三，伴随着贸易规模的不断增加，中国不同地区污染物的排放量都将有所上升，但东部地区最为明显；随着贸易质量的提升，东部地区环境改善最为明显，尽管中西部地区也会有所改善，但程度不及东部地区。第四，随着人口密集度的增加，东部地区环境显著改善，中部地区变化不明显，西部地区环境更加恶化。因此，国际贸易对环境的影响是不确定的。

最后，有文献表明国际贸易会使环境进一步恶化。科尔（Cole，2004）认为，对环境进行衡量的指标应该多样化，因为环境作为一个综合性概念，不仅包括空气污染、水污染、固体排放物，还应该包括噪声污染、生物多样性、能源消耗等。因此，科尔（Cole，2004）选取能源消耗作为环境衡量指标，使用 1975～1995 年 32 个发达国家和发展中国家的面板数据，进一步考察了国际贸易对能源消耗的影响，并在稳健性检验中使用了引力模型。研究结果表明，贸易自由化加剧了人均能源消耗，因此对环境起到负面作用。除此之外，王舒鸿和王小青（2019）利用动态面板模型对这一课题进行量化研究，得出结论：在某种程度上，国际贸易会加剧环境污染。其中，结构效应为正，资本密集度的提高增加污染物的排放，即对环境质量产生负面影响；当人均收入较低时规模效应大于技术效应，两者的综合效应有利于环境保护；当人均收入较高时规模效应小于技术效应，两者的综合效应不利于环境保护。该文献进一步检验了贸易自由化对环境污染是否存在地区差异，发现贸易自由化有利于东部地区环境质量的改善，但会导致中西部地区的污染物排放量增加。

内生性也是实证分析时必须考虑的问题。如李锴等（2011）在研究国际贸易与二氧化碳排放量的关系时，充分考虑内生性问题，利用工具变量法和广义矩估计法，进一步分析了其对二氧化碳排放量和排放强度的影响，结果显示，国际贸易对中国环境污染具有显著影响。在进行实证分析时，除工具变量法外，还有一种经典的实证方法是联立方程模型。何洁（2010）使用联立方程模型对中国对外贸易的环境效应进行了实证分析。与其他文献的不同之处在于，该文在生产函数中区分了进口和出口对环境质量的不同影响。具体来说，出口首先影响的是全要素生产率，进而影响GDP增长，GDP增加带来了污染物的排放量上涨，环境质量下降。与出口不同，进口则是通过技术效应以及对产业结构的调整来影响环境质量。该文使用中国 1993～2001 年省级面板数据，证实出口会导致污染的排放量增加，而进口则相反，因此总体来说国际贸易对环境质量的影响是微不足道的。沈荣珊和任荣明（2006）同样使用联立方程模型，运用 34 个发展中国家的数据分析国际贸易对水体有机化合污染排放量的影响。文章结果显示，国际贸易通过影响经济增长而使污染物排放增加，环境质量有所下降，但从长期来看，技术效应和结构效应将逐渐显现，最终贸易对环境质量将产生正面影响。

2.1.3　污染天堂假说的研究

污染天堂假说是反映国际贸易与环境质量之间直接关系的一个著名论点。它是由不同国家在环境政策制定上的差异而衍生出来的一种假说，也是国际经济学界一直争论的热点问题之一。该假说认为，就比较优势而言，环境规制较弱的国家在污染密集型产业上处于优势地位，而环境规制较强的国家的污染密集型产业处于相对劣势。短时间内，考虑到环境成本，环境规制较强的国家倾向于从环境规制较为宽松的国家进口污染密集型产品。长期来看，这将会影响到污染密集型行业的选址。现如今关于"污染天堂"的研究有很多，但实证结果差别较大，有的学者认为"污染天堂"假说成立，有的学者则持否定态度，还有些学者认为"污染天堂"假说仅对于特定国家和产业成立。

支持"污染天堂"假说成立的学者认为国际贸易和外商直接投资（FDI）会促进污染密集型产业向环境规制较为宽松的国家转移。科普兰和泰勒（Copeland and Taylor，1994）早期就运用 Ricardian 模型证实了环境规制较弱的国家在生产污染密集型产品中往往产生比较优势，因此在国际分工中经常扮演污染密集型产品生产商的角色，不惜以本国环境成本为代价来获取经济发展。而环境规制较为严格的发达国家往往选择进口污染密集型产品，甚至直接通过 FDI 将污染密集型企业转移到发展中国家。这样一来，发达国家的生态环境日益改善，而发展中国家的环境日趋恶化。在判断中国是否为"污染天堂"方面，康益敏（2019）运用面板门槛回归模型，研究了制度约束条件下对外贸易对环境污染的影响，得出结论：在中国存在着"污染天堂"效应；经济发展水平的提高和技术的进步都能有效减低污染程度，改善环境质量；模型回归的结果表明当制度质量低于一定水平时，国际贸易总额的提高加剧了环境污染，而当制度质量高于临界水平时，国际贸易有利于降低污染物排放，从而起到改善环境的作用。另外，从省一级和区域的视角出发，也有一些学者认同"污染天堂"假说在中国是存在的。如苏桂芳等（2011）的研究结论显示中国的国际贸易确实带来了环境污染问题，而且"污染天堂"假说在中国部分省份同样也是成立的。

另外，也有一些实证分析文章得出了不显著的结果，部分学者认为"污染天堂"假说是局部成立的，受限于某些特定行业。埃斯克兰德和哈里森（Eskeland and Harrison，2003）指出，当美国环境规制加强时，部分污染密集型企业选择更换投入要素来减少污染排放，但并没有证据显示美国对一些拉美国家的直接投资是由于国内环境规制的提升。莱文森（Levinson，2009）认为转移污染密集型产业对改善美国生态环境仅起到很小的作用，美国提升环境质量的主要途径也不是将污染密集型产业转移到发展中国家。克莱克梅尔和李希特（Kreickemeier and Richter，2014）站在发展中国家角度研究"污染天堂"假说，结果表明，在国际贸易进程中，墨西哥、摩洛哥、委内瑞拉等发展中国家并没有因为较为宽松的环境规制而沦为污染企业的专业化分工国。

部分学者否认污染天堂假说。科尔和埃利奥特（Cole and Elliott，2003）通过分析1995年的截面数据发现，尽管环境规制的加强提升了发达国家的治污成本，但很多污染密集型产业如化工、钢铁等并没有因此而被转移至发展中国家。埃斯克兰德和哈里森（Eskeland and Harrison，2003）也通过对部分发展中国家的数据研究证实治污成本与国外直接投资并没有显著的关系。因此，"污染天堂"假说很可能不成立。尽管如此，在政府制定贸易政策时也应充分考虑环境影响。

2.1.4 环境库兹涅茨曲线的研究

在研究国际贸易对环境污染物排放的影响时，收入水平往往会被学者考虑在内。根据以往的研究，国际贸易有助于收入水平，而收入水平的提高会影响污染物排放。因此，在研究国际贸易的环境效应中，有一个核心的研究思路就是国际贸易是否会促进各国收入水平提高，而收入水平提高又会对污染物排放产生怎样的影响。

环境库兹涅茨曲线（environmental Kuznets curve，EKC）是格罗斯曼和克鲁格（Grossman and Krueger，1995）在研究贸易制度对环境质量的影响时所得到的一个曲线形式，并在后续多次被学者用来研究和讨论。该文献指出，国际贸易会通过三种效应影响环境，即规模效应、技术效应和结构效应。同时，为了考察经济增长与空气污染排放的关系，文献选取3种空气污染物的污染浓度数据以及 42 个国家和城市的横截面数据进行研究，最终结果显示，有 2 种污染物的污染浓度和人均 GDP 呈现"倒 U 形"关系，即当国民收入水平较低时，污染浓度会随着人均 GDP 的升高而升高，然而当国民收入水平达到一个临界点时，污染浓度又随着人均 GDP 的上升而下降。

为了避免由于时间选取的片面性而引起的偏差，一些文献采用较长的时间区间来进一步验证环境库兹涅茨曲线的合理性。其中，埃斯特韦和塔马里特（Esteve and Tamarit，2012）以西班牙 1857～2007 年的数据为样本，沙巴兹（Shahbaz，2012）以巴基斯坦 1971～2009 年的数据为样本，马坎迪亚等（Markandya et al.，2006）以 12 个西欧国家 150 年的污染数据为样本，结果都验证了 EKC 曲线的存在和成立。此外，秦晓丽和于文超（2016）采用中国 259 个地级市的数据构建空间面板模型进行研究，结论说明随着 GDP 的不断增加，环境污染先是不断上升，等到达拐点之后再不断下降，这一结论符合环境库兹涅茨曲线。李春花和孙振清（2016）在衡量环境污染时使用人均二氧化碳排放量作为指标，运用 SUR 模型证实环境库兹涅茨曲线在日本、韩国、中国都存在，只是现阶段中国尚未达到环境库兹涅茨曲线的拐点。当然，也存在对 EKC 曲线的质疑，最为典型的代表当属基尔斯利和里德尔（Kearsley and Riddel，2009），该文献通过对 27 个 OECD 国家污染排放物的实证分析，不仅否定了污染天堂假说，也否定了 EKC 曲线假说。

2.2　环境产品贸易自由化的环境效应研究

2.2.1　环境产品的定义与界定方法

国际环境产品贸易虽然早已存在，但是到目前为止各种国际组织和国家之间并未就环境产品（environmental goods，EGs）的确切定义达成共识。

关于贸易与环境的探讨可以追溯至 20 世纪 90 年代初期的乌拉圭回合谈判，可持续发展成为焦点。1991 年，关贸总协定的工作文件（GATT, MTN. GNS/W/120）中首次出现环境产品概念。自此，有关贸易与环境的讨论提上了 WTO 的议事日程。2001 年，WTO 第四次部长会议在多哈举行，新一轮多边贸易谈判开启。值得注意的是，"贸易与环境"成为这次会议的唯一新议题，其中"环境产品与服务贸易自由化"是这一全新议题的重要组成部分。最终此次会议达成一个基本共识：在不损害最终结果的情况下，尽量削减或取消环境产品和服务的关税与非关税壁垒，以促进环境与贸易的相互支持。尽管随后 WTO 展开了多次谈判讨论环境产品事宜，但是由于国际标准尚未统一，再加上各成员不同的利益诉求，环境产品贸易自由化谈判步履维艰。随后，WTO 开始讨论设立环境产品群以推动削减或取消环境产品和服务关税的有关事宜。然而，在以何种方式选择环境产品群方面，各成员又产生了难以调和的矛盾。因此，到目前为止，无论是在环境产品的界定还是在建立环境产品清单方面，WTO 均未取得实质性的进展。

目前，除 WTO 以外，有关国际组织也给出了环境产品的相关定义，或许我们可以从中得到启发。经济合作与发展组织（OECD）于 1995 年对环境产品进行了定义，主要考虑到环境产品对于环境监测、污染控制方面的积极作用，但是对于环境产品本身具备的环保属性和技术含量的考虑较为欠缺。亚太经济合作组织（APEC）则从企业角度出发，将"环境产品"定义为："从事解决、限制、预防环境问题的有关产业即为环境服务产业，负责提供水资源相关、公害、废弃物管理、再利用、再生能源管理、分析、评价等产品和服务的企业即为环境服务企业，环境服务企业提供的相关产品即为环境产品。"从这个定义来看，APEC 同样侧重环境产品的功能性，而且对环境产品的用途做出了更加明确的阐述。世界能源委员会（World Energy Council, WE）以三个特征来划分环境产品：一是技术因素，环境产品必须具备国际公认的技术驱动和领先优势；二是环境产品本身必须对环境是无害的且具有环保特征；三是与其他具有同类功能的产品相比，环境产品必须更环保，即对环境的益处更大，造成的环境损失更少。

由于各国都从自己的利益出发，因此对环境产品的定义难以达成共识，且许多 WTO 成员已经选择不再统一环境产品的定义，而着眼于如何界定环境产品范围，寻求通过识别特定产品建立环境产品清单逐渐成为一种共识。当下 WTO 成员通常采取以下方法对环境产品的范围进行界定。一是"清单法"（environmental goods list approach），即通过肯定性清单的制定来明确环境产品的范围。该方法将清单分为基本清单、补充清单和开发清单。基本清单是成员在自身利益基础上经过表决一致同意的环境产品清单；部分成员认定的，但尚未达成共识的列入补充清单；将发展中国家试图从基本清单中移除的列为开发清单。二是"项目法"（environmental project approach），该方法主要考虑了环境产品共性之外的差异性。各成员对于环境产品的界定和适用时期主要取决于本国环境项目的实施。经过该国主管部门的认可，在一些污染治理、新能源建设、环保工程实施期间，对涉及的相关产品可以进行关税等贸易壁垒的削减。但部分发达国家却认为其违反了 WTO 规则。三是"项目 + 清单"综合法。此方法综合以上两种方法，主张首先由贸易与环境委员会特别会议为成员确定环境项目分类框架，然后各成员将与现有的环境项目发展相关的环境产品纳入各个项目种类中。四是"申请和提供"法（request and offer），即会员选定本国的环境产品，向合作方申请提供自由化交易环境产品清单目录，通过双边磋商确定各自的减免税产品清单。在这四种方法中，"清单法"的运用最广泛。

2.2.2 环境产品清单

相较于其他三种方法，"清单法"对环境产品范围的界定更为清晰，而且更加符合 WTO 规则，因此 WTO 成员主要采用"清单法"进行环境产品贸易谈判，即给出具体的环境产品目录。通过讨论、谈判、修改与确定，环境产品清单包含了各参与方都认同的环境产品。其中比较有代表性的环境产品清单有 OECD 环境产品清单、APEC 环境产品清单、WTO 环境产品清单。由于各清单所提出的时间和作用机理不同，所以其中所包含的环境产品也不尽相同。

OECD 环境产品清单最初基于对环境产品的专项研究而制定，发展至今共包含了 164 项 6 位税号的环境产品，其中 80% 的产品都可以用国际 HS 编码表示。从产品功能上讲，OECD 首先将环境产品分为三大类，分别是污染管理类、清洁技术和产品、资源管理类。然后又对每一大类环境产品进行细分：将污染管理类产品划分为空气污染控制、废水管理、固体废物管理等 6 小类；将资源管理类产品分为可再生能源、室内空气污染、循环材料、可持续林业、供水系统等 10 小类；清洁技术和产品包括较清洁、资源高效技术与程序 1 类。OECD 环境产品清单涉及环境产品最多，分类也最为齐全。在该清单中，环境产品和服务可以通过在最惠国待遇原则的基础上永久削减关税和非关税壁垒来提高市场准入机会。

APEC 最早于 1998 年制定了一份包含 109 个税号的环境产品清单。该清单具体将环境产品划分为环境污染控制设备、可再生能源设备、污染处理设备，以及环境监测、分析与评价设备等 10 类。由于当时发达国家是污染控制和处理设备的主要生产国和消费国，因此该清单中的大多产品是由美国、新加坡、澳大利亚、加拿大等发达国家提出的。但中国也为该清单做出了重要贡献，提名了 47 个产品。之后经过多次谈判协商，各成员对 APEC 1998 年环境产品清单进行了一系列修订、删减，于 2012 年通过了一份 54 个 HS 编码的环境产品清单，在保留之前清单中 34 项环境产品税目的基础上，增加了 20 个环境产品，并包含了一种"环境上更可取产品"。与偏重污染处理和环境监测的 APEC 1998 年清单相比，APEC 2012 年清单增加了可再生能源产品的比重，并涉及关税调整的实质性内容。另外，该清单新增的环境产品税目大多由发展中国家提出，中国提出的 29 项环境产品也列入了最终清单。因此，APEC 2012 年环境产品清单在很大程度上考虑了发展中国家的利益诉求，为之后环境产品贸易自由化谈判奠定了基础。

WTO 在 2010 年提出了一份涵盖 408 个 6 位税号的环境产品清单，之后 WTO 各成员经过修改和删减，最终形成了一个包括 153 个 6 位税号的产品清单。该清单按照环境产品的功能，具体将其分为空气污染控制类、水污染处理和利用类、环境技术类和可再生能源类产品。

从目前的情况来看，当前大多数国家之间的环境产品贸易均采用 APEC 和 OECD 环境产品清单方式。这两个清单均产生于 20 世纪 90 年代，是各国进行环境产品贸易的依据。APEC 历来都是环境产品贸易自由化的主要倡导者和推动者，早在 20 世纪 90 年代就把环境产品与服务部门列为自愿和促进贸易自由化的特色部门。此后，为推动包含环境产品和服务在内的 9 个部门提前自由化，APEC 每年的领导人宣言和部长声明都将发展环境产品与服务、推动环境产品与服务贸易作为促进全球可持续发展和应对气候变化的重要举措。APEC 成员在 2012 年第二十次领导人非正式会谈中就降低环境产品关税及 "2012 年环境产品清单" 达成一致，这是一份包含 HS 编码下的 54 个 6 位数字的子目商品的清单（APEC 2012 年环境产品清单），该清单就环境产品自由化问题达成重要共识，提出到 2015 年为止把清单中所列环境产品的关税削减至 5% 或更低。细数清单产品类型可知，该清单中包含的产品大多属于电子机械类，涵盖了 23 项核子反应器、锅炉、机械用具及其零件产品，11 项电机与设备及其零件产品以及 19 项光学与照相等及其零件产品，见表 2.1。按照最终用途来分类，环境产品可分为监测分析、废水处理、固体废物处理、大气污染治理和可再生能源设备五大类。同时，该清单并非最终版本，随着 APEC 成员在环境与贸易领域博弈的深入，存在进一步讨论和修改的可能性，具备 "环境产品清单自身拓展" 和 "APEC 成员向 WTO 各成员扩展" 的 "双扩" 趋势。APEC 环境产品清单是全球第一个达成的用以降低关税以实现贸易自由化的环境产品清单，不仅可以促进亚太地区实现可持续发展的目标，同时也为缓解区域内面临的环境挑战做出了贡献。后来，WTO 主要成员积极推进的《环境产品协定》谈判也是以该清单为基础。

表 2.1　　　　APEC 2012 年环境产品清单 54 项环境产品 HS 编码

HS 编码	HS 编码对应的产品	HS 编码	HS 编码对应的产品
441872	其他多层已拼装的木地板	850300	风力驱动发电机组的零件
840290	蒸汽锅炉、热水锅炉零件	850490	静电转换器及电感器零件
840410	蒸汽、热水及集中供暖用锅炉的辅助设备	851410	可控气氛热处理炉
840420	水蒸气或其他蒸汽动力装置的冷凝器	851420	通过感应或电介质损失来运作的电炉及烘箱
840490	锅炉及蒸汽锅炉的冷凝器的零件	851430	工业、实验室用其他电炉及电烘箱
840690	汽轮车的零件	851490	炼钢电炉用零件
841182	功率超过 5000 千瓦的燃气轮机	854140	光敏半导体器件
841199	燃气轮机的零件	854390	粒子加速器用零件
841290	发动机及动力装置零件	901380	光学设备、仪器及器具
841780	非电热的工业用炉及烘箱	901390	光学设备、仪器及器具的零件及附件
841790	非电热工业用炉及烘箱的零件	901580	其他测量仪器及装置
841919	非电热的快速热水器	902610	测量、检验液体流量或液位的仪器
841939	干燥器	902620	测量、检验压力的仪器及装置
841960	液化空气或其他气体的机器	902680	液体或气体的其他测量或检验仪器
841989	利用温度变化处理材料的机器	902690	液体或气体的测量或检验仪器零件
841990	热水器零部件	902710	气体或烟雾分析仪
842121	液体过滤或净化机器及设备	902720	色谱仪和电泳仪
842129	压滤机	902730	分光仪、分光光度计及摄谱仪
842139	气体过滤或净化机器及设备	902750	使用光学射线的其他仪器及装置
842199	家用型过滤、净化装置用零件	902780	理化分析仪器及装置
847420	粉碎或研磨机	902790	检测切片机、理化分析仪器零件
847982	水处理行业加药搅拌设备；轮胎循环处理再生设备	903149	光学测量或检验仪器和器具
847989	敏感物项管制机器及机械器具	903180	测量、检验仪器、器具及机器
847990	空气增湿器及减湿器零件	903190	惯性测量单元稳定元件加工夹具

HS 编码	HS 编码对应的产品	HS 编码	HS 编码对应的产品
850164	交流发电机，输出功率超过 750 千伏安	903289	自动调节或控制仪器及设备
850231	风力发电设备	903290	自动调节或控制仪器及设备的零件和附件
850239	发电机组	903300	其他税目未列名的零件、附件

资料来源：作者根据 APEC 官网整理所得。

2.2.3 环境产品贸易自由化对环境影响的相关研究

如今，全球环境产品贸易发展迅速，世界各国也普遍意识到环境产品贸易自由化对各国自身利益的影响巨大。无论是发达国家还是发展中国家都可以从环境产品贸易自由化中受益。与此同时，全球环境产品贸易的发展也会对国际环境保护事业起到积极的推动作用，毕竟环境产品本身带有环保属性。这样一来，环境产品贸易自由化便成为实现可持续发展的重要路径之一。正是基于这一共识，世界各国正在努力推动环境产品和服务贸易的自由化。

理论研究方面，相关文献指出，环境产品贸易自由化有助于为全球各国带来更大的环境和贸易利益，其中也包括中国。中国作为污染排放和能源消耗大国，环境问题尤为严重。中国不能为了经济增长牺牲环境，但也不能单纯为了改善环境而放缓经济发展速度。因此，环境产品贸易自由化对于中国来说极为重要。许蔚（2015）认为，在国际贸易中，环境资产的估价很少会被计算在出口商品的价格中，造成产品的成本外在化，这会导致部分出口企业为了扩大生产规模而过度投入自然资源要素，从而加剧环境恶化。由于环境成本外部化的存在，传统产品的自由贸易往往容易直接或间接地对环境带来负面影响，而环境产品的出现就是为了减少或消除对环境的损害。推动环境产品贸易自由化能够促进全球自然资源的有效配置，为全球带来更多的环境以及经济利益，同时有助于发展中国家健全完善环境法规，尤其对于那些环境规制较弱的国家。

实证研究方面，温珺和尤宏兵（2017）及周瑞娇（2019）的研究值得关注。前者基于"OECD + APEC"环境产品清单，在 ACT 模型的基础上构建了环境产品贸易自由化影响环境的实证模型，并选取 1996 ~ 2013 年 107 个发展中国家（地区）的面板数据，考察了环境产品贸易自由化是否改善了发展中国家环境质量，同时对环境产品的环境属性进行了评估。后者则基于"APEC 环境产品清单"，在归纳中国环境产品贸易特征后，运用中国工业 2001 ~ 2016 年 31 个省份的面板数据，对中国环境产品贸易自由化是否促进环境改善进行了实证分析。前者的结果表明，环境产品贸易自由化并不能改善发展中国家的环境质量，但若在发展中国家实施高标准环境规制的情况下，环境产品贸易自由化能够改善环境。同时，实证结果质疑环境产品清单中的部分产品所具备的环境友好属性。后者的研究结果显示，中国环境产品贸易自由化对环境产生了负面效应，并指出环境监管的放松可能在这一作用机制中起到了关键作用。

2.3　贸易政策与环境的相关研究

2.3.1　单边环境贸易政策

从单边环境贸易政策产生的背景和争论来看，近几十年来，随着世界环境污染问题的日益严重和公众环保意识的增强，贸易体系越来越重视环境保护方面的相关问题，在这一背景下，WTO 框架中单边环境规则和措施也受到了越来越广泛的关注和争论。一方面，有些国家开始在国际贸易中采取环境贸易措施以保护环境，如越来越多的国家开始在涉及产品质量、成分、包装、生产工艺等方面制定严格的环境法规和标准，不断提高环境保护的门槛，对于不符合本国相关环境保护标准的产品禁止进口。另一方面，受到环境保护标准限制的出口国，往往认为进口国有意设置非关税壁垒，违背了 WTO 自由贸易原则而进行贸易保护。而实际上，一个国家有权调整和完善本国的环保标准和贸易政策，有权选择本国需要进口的商品类型，别国不能强制其进口某种商品。在这种情况下，国家可以根据自身发展特点和当前形势，为实现本国的经济增长而选择进出口的商品类型，同时考虑到本国的环境情况制定相应的政策。即便政策对国内的环境产生不利的影响，也属于一国主权范围内的自主选择。因此，无论是因为国内生产而造成的污染还是对国内产品及进口产品的消费所采取的环保措施，GATT（关税及贸易总协定）和 WTO 法律体制都不加干预，各国均有权自主决定其所得及环境质量的优先顺序。

保护国内环境的单边环境贸易政策是指保护一国领土范围内的环境的国内法规，目前主要分为产品标准、产品税、进口限制和出口限制四个方面。

首先，产品标准的设立也因目的不同分为下列两种类型：第一，为了维护道德和人类健康而设定的产品标准。该类产品标准出现的时间较早，如美国《科姆斯托克法案》（Comstock Act）禁止进口避孕或非法堕胎药物或商品。第二，促进绿色循环利用的产品标准。如美国加利福尼亚州对新闻纸、塑料瓶子规定了循环利用的要求；德国颁布的《消除包装废物法》，要求生产者和销售者回收利用产品包装。

其次，对于进口产品税，各国采取的主要措施是对进口商品加征环境保护税，该做法在贸易政策中一直是一个有争议的问题。在非歧视的原则下实施环境关税制度，是 GATT 所允许的做法。美国根据超级基金法修正及重新授权法案对某些化学原料征税，并对某些以可征税的化学产品为原料而制成的进口产品征税，其征税额相当于对该产品可征税的化学产品原料单独征税时应征的税额。加拿大、墨西哥和欧共体均认为这一措施违反了 GATT 的规定。而 GATT 争端解决小组则裁定这一措施属于边境调整措施，符合 GATT 的规定。

再次，利用进口限制保护环境早在 19 世纪中期就已出现。例如，美国从 1848 年开始就制定了有关药品进口的相关法案，对于浓度和纯度低于国际通行标准的药品不予进口。1890 年，美国开始禁止进口对酒精浓度超标的饮料、不健康的食物、掺假或不合格的药品。根据 1897 年《丁雷关税法》（*The Dingley Tariff Act*），美国禁止进口烈鸟蛋。1922 年美国又取缔了从国外进口蜜蜂的行为，因为进口蜜蜂作为外来物种入侵，极有可能对美国本土的蜜蜂造成生态威胁。类似的情况也发生在日本和英国。例如，日本曾经因为进口苹果中可能带有有害昆虫而拒绝从美国进口苹果，英国也曾经禁止进口可能传入科罗拉多甲虫的土豆和其他蔬菜。

最后，与进口限制一样，出口限制也是一种具有长久历史的保护国内资源的贸易措施。出口限制的目的一般是保护国内珍贵的自然资源。如澳大利亚动植物资源丰富，有许多珍稀的野生动植物，因此针对生物多样性的出口限制保护起步较早。1922 年，澳大利亚开始对天堂鸟或由天堂鸟羽毛制作的工艺品采取出口限制，不再对外出口相关制品。而 1982 年之后，除了用于正当的科学研究或动物园展览以外，澳大利亚全面禁止所有动物的出口。与澳大利亚相邻的新西兰也是自然物种十分丰富的国家，新西兰一直对本土物种高度保护，如在 1953 年的《野生动植物保护法》（*The New Zealand Wildlife Act*）中，新西兰明确了对各种爬行动物、两栖动物、鸟类以及哺乳类动物当中的蝙蝠都不得以任何形式出口到国外。此外，美国于 1940 年采取行动，对秃头鹰以及金雕两种动物实行出口限制，理由是这两个物种在美国本土已经由于捕猎和出口变得濒危。后来美国华盛顿特区通过了《濒危野生动植物物种国际贸易公约》（CITES），这是国际贸易中具有里程碑意义的保护濒危野生动植物公约。按照该公约，缔约方在国际贸易中均予以一定程度的出口限制，作为对本国濒危物种的保护措施。

2.3.2　多边环境贸易政策

多边环境贸易政策的出现离不开贸易与环境冲突的背景。解决全球环境问题需要各国的鼎力合作，签订多边环境协定是国家或地区间进行合作并共同承担责任的重要形式。在近 30 年的时间里，各国间有关环境保护协定的谈判日益频繁，涉及范围也愈发广泛。由于贸易与环境不可分割的关系，目前大多数与环境保护相关的国际协定都与贸易紧密相连。一般来讲，国际贸易协定会针对环保要求和标准对协议方的特定贸易行为进行一定的限制，但是除此之外，协议也可以要求缔约方在同其他国家的贸易行为中，对不符合环保要求的商品进行一些限制甚至禁止。虽然到目前为止还没有出现 WTO 成员因为同其他国家缔结多边环境保护贸易条约而与现行 WTO 贸易框架产生冲突的例子，但是为保护环境而设立的关税壁垒以及其他贸易限制，也间接地向以贸易自由化促进经济增长为宗旨的多边贸易体系发起了挑战。由于利用贸易政策促进多边环境协定的达成已是大势所趋，所以当务之急是统筹协调好 WTO 多边贸易体系与多边环境保护协定之间的关系。

当前多边环境贸易协定主要是根据多边环境保护条约所制定的环境贸易措施，世界各国对贸易与环境问题以及贸易在环境保护中的重要性也基本都能形成共识。根据国际上现存的各类多边环境贸易协定的主要内容，多边环境贸易措施可以分为以下三种类型。第一种是旨在对国内环境进行保护的多边环境贸易措施；第二种是为了对全球共同的环境与资源进行保护的多边环境贸易措施；第三种是保护外国环境的多边环境贸易措施。

首先，保护国内环境的多边环境贸易措施通常有两种不同的类型。第一类是以国际上通行的多边环境条约中制定的规则和义务为主体，遵照现有多边条约来制定规则。第二类不属于多边环境条约中直接规定的义务，但属于多边环境条约中授权的范围。对于第一类多边环境贸易措施，典型的例子是 1990 年的《保护和发展加勒比海地区海洋环境公约议定书》，它明确了缔约国应采取一定措施禁止进出口公约中规定的相关物种，以全面保护和恢复该物种。第二类环境贸易措施是指基于多边条约的授权保护国内环境的多边贸易措施，典型的例子是 1953 年《关于动物产品进出口的国际公约》。该公约给予缔约国一定的权利，可以在其他缔约方国内发生疫情的情况下，不进口疫情国的动物产品，因为其动物产品可能携带疫情病毒，进口后容易引发病毒在国内的传播。这也是为了保护本国环境安全的必要之举。

其次，保护全球公共环境的多边环境贸易措施的关注点在于全球的公共环境。该类多边环境贸易措施也可以分为上述两种。第一种类型的多边环境贸易措施主要体现的是缔约国在多边贸易协定中必须承担的义务。其中一个例子是国际捕鲸委员会在 1978 年通过的决议，要求缔约方采取必要行动，对国内法律法规进行相应的修改，不再从非缔约方进口鲸产品，这一决议后来得到了大多数缔约方的支持并得到执行。该项决议实质上对缔约方与非缔约国之间的鲸产品贸易施加限制，该种环境贸易措施属于歧视性的。1979 年日本同意采取这一歧视性的贸易限制，并将其措施通知了GATT，但 GATT 没有对这一歧视性的贸易限制提出异议。在此之后，国际捕鲸委员会继续加大对捕鲸活动的限制力度，保护鲸类种群安全与健康。除上述决议外，委员会又通过了新的决议，对捕鲸船只和其他捕鲸设备也进行了限制。第二种是基于多边环境条约授权的保护全球公共环境的多边环境贸易措施。如 1989 年的《禁止使用长拖网捕鱼的惠灵顿公约》，该公约规定用长拖网捕获的鱼不能够在缔约国上岸，同时缔约国也不得进口由长拖网捕获的鱼类及其鱼类制品。

最后，如果多边环境贸易措施重点关注的问题集中在对别国的环境保护上，那么根据其宗旨，这类多边环境贸易措施也可以属于保护全球环境和资源的贸易措施。如上文提到的具有里程碑意义的《濒危野生动植物物种国际贸易公约》，由于该公约对出口国和进口国都进行了许可限制，因此对于濒危物种的保护不再是出口国的专属权利，进口国也要对保护濒危野生动物负责。也就是说，进口国有义务确认自己的进口行为不会对野生动物造成伤害甚至致其濒危。而对于出口国来讲，不论是否加入公约，都有义务遵守公约。该公约中的贸易规则是非歧视性的，只有在个别极端情况下该项贸易规则才具有歧视性，如 1987 年为了打击非法贩卖象牙，公约成员国大会对阿拉伯联合酋长国和布隆迪等国施压，要求其立即采取措施打击非法象牙贸易。而在 1973 年《北极熊保护协定》（*The International Agreement on the Conversation of Polar Bears*）中也要求缔约国为保护北极熊采取更多的举措，除了禁止北极熊进出口外，还要在国内禁止一切违背公约形式的对北极熊的非法捕猎。

2.3.3 贸易措施的环境效应研究

1. 关税与非关税措施对环境的影响

当下贸易措施主要分为关税和非关税措施。联合国贸易和发展会议（UNCTAD）和 WTO 对于非关税措施也进行了分类。前者将非关税措施分为 6 类，分别是价格控制措施（反倾销措施、反补贴措施等）、财政措施（支付延迟、多重汇率等）、自动许可措施（自动许可证、进口监控等）、数量控制措施（配额、出口限制安排、进口禁止等）、垄断措施（强制性国内服务等）、技术性措施（技术法规、特别通关程序等）；后者则将非关税措施分为 7 类：海关及其他行政准入程序（进口许可、海关估价等）、技术性贸易壁垒（技术法规与标准、一般性的技术壁垒等）、卫生及植物检疫措施（化学品残留限制、一般性的检疫措施等）、政府对贸易活动的参与及政府所允许的限制性活动（政府采购、政府资助等）、进口收费（进口保证金、额外收费等）、特殊限制（数量限制、外汇控制等）、其他措施（安全措施、知识产权问题等）。近些年来，伴随着贸易与环境冲突的加剧，传统的非关税壁垒逐步向绿色贸易壁垒转变。

科普兰和泰勒（Copeland and Taylor，1997）提出"污染内容关税"，即进口国应该对进口商品征收进口关税，从而促进国外生产商达到本国的生产标准，这样将有利于本国的环境保护。在具体实践上，绿色关税主要体现在进口关税和出口关税两方面。前者对环境产品征收较低的进口关税，对污染产品加征进口关税；后者对出口国外的"两高一资"（高污染、高耗能、资源性）产品征收出口关税以限制出口（江永红，2020）。关税环境效应的研究方面，巴约纳等（Bajona et al.，2012）认为对环境标准较低的国家征收商品的进口关税，不仅有助于维持高环境标准国家的产品竞争力，同时也能促进这些国家的国内资源保护。阿蒂奇（Atici，2012）则通过建立博弈模型，对日本的进口关税进行环境效应研究，结果表明，日本对进口国的商品征收以环境保护为目的的关税提高了日本资源的综合利用率。但是，过高的进口关税可能会超过调节环境标准的限度（Dong，2012），阻碍国际贸易的发展，因此在使用以环境为目的的进口关税时应考虑关税的国际协调问题。江永红等（2020）以中国为例，使用2005～2017年部分贸易出口商品的出口额数据，研究了中国出口退税的环境效应。结果表明，出口退税政策降低了"两高一资"产品的环境污染，并且有利于产业的优化升级。

非关税绿色贸易措施近些年来发展迅速，且涉及的范围愈发广泛。李丽平等（2019）分析了非关税绿色贸易措施的特征，认为其具备一定的合理合法性、虚假隐蔽性、广泛不均衡性。进出口配额和许可证等贸易措施往往更侧重保护国内贸易，其对环境改善的作用有限。崔丽丽（2012）基于发展中国家视角指出，众多技术壁垒以保护环境的名目存在于多边协议中，这使发达国家更加理直气壮地实施禁止或限制措施，但发达国家的环境质量却未因此而得到明显提升。也有文献证实了部分措施的环境正效益性。王俊等（2020）基于中国与19个FTA伙伴国产品层面的数据，考察了FTA环境保护条款的环境效应。结果表明，FTA环境保护条款对清洁产品进口产生促进作用，对污染密集型产品出口产生抑制作用，总体上改善了中国的环境质量。唐韵清等（2021）从绿色卫生检疫层面分析，认为部分贸易措施虽然在一定程度上形成了贸易保护，但确实阻止了不合格产品流入国内，在保障人类和动植物生命健康方面发挥了积极作用。王春婕（2010）在探索了WTO体制下的单边环境措施后，认为WTO的相关协议为绿色补贴提供了一定的合理合法性，而且绿色补贴有助于企业采用绿色技术，从而达到节约资源和控制污染的目的。

2. 环境规制与出口退税对中国环境质量的影响

已有的文献在贸易政策对环境质量影响方面的研究没有达成共识，而有关出口退税影响环境的研究也是少之又少。因此，下文主要筛选出现存的一些有关出口退税及环境规制影响中国环境质量的文献，并从理论出发，理清出口退税及环境规制对环境保护的影响，分析中国贸易政策的发展过程和趋势。

在过去 30 年里，中国主要是采取粗放型的发展方式，充足的能源、丰富的资源以及成本相对较低的劳动力为中国经济的高速发展做出了卓越的贡献。到 20 世纪末期，依靠这种高能耗、高污染、低附加值的发展方式，中国在全球贸易中的地位也日益重要，于 2001 年成功加入 WTO。近几十年来中国经济长期迅速的增长，很大一部分原因得益于出口拉动。无论是从短期还是从长期来看，出口退税均对中国出口贸易的增长做出了卓越贡献（Chao et al.，2011）。这也是发展中国家的普遍现象，以资源、能源的消耗换取出口拉动经济增长。然而，中国在享受全球化便利、取得出口贸易额显著增长的同时，粗放式发展带来的环境问题也日益凸显。中国环境问题在全球贸易领域产生的原因主要是：在几十年前工业发展落后的背景下，为了内地的工业发展，各地以较发达国家低很多的环境标准吸引外国企业与资金，加快贸易发展。经济得到发展的同时，中国也逐渐成了"污染天堂"。对发达国家的企业而言，他们也乐于通过此种方式进入中国市场，因为在这一时期，发达国家的环境标准相对较高，由此带来的环境等成本也相对较高。为解决此问题，全球化背景下，发达国家的高污染、高耗能型企业不断通过对外直接投资等方式将这些产能转移至土地成本、劳动力成本较低的发展中国家。就中国而言，外贸出口带来了诸多环境问题，而且环境问题随着贸易量的增加已经到了不得不注重的地步。当贸易带来的环境负面影响达到一定程度时，环境反而会阻碍经济发展。因此，随着经济发展和环境矛盾的日益尖锐，各国纷纷将环境标准的提升提上日程，并将更高的环境标准应用到贸易中。

理论上，环境规制是影响国家或地区环境质量的重要制度因素。制定完善的环境监管措施可通过刺激企业加快技术创新、减少污染排放，最终达到改善环境质量的目的。环境监管政策是减少污染物排放、改善区域环境质量的重要手段。从整体上看，中国已基本形成了集费用、投资和非正式环境监管为一体的环境监管体系（游达明和蒋瑞琛，2018）。环境监管能显著减少污染物排放，促进节能减排的效率，这已被不少国内学者研究证实。二氧化硫和酸雨"双控区"的区域环境质量有所改善，污染物的绝对排放量明显下降。此外，不同类型的环境规制对污染物排放有不同的影响。例如，在绿化程度高的地区，行政、市场和公众参与的环境规制可以促进工业绿色增长指数，有效减少环境污染（张江雪等，2015）。经济激励型与自愿意识型的环境规制政策能够促进地区公约绿色转型（彭星和李斌，2016）。马淑琴等（2019）认为，命令控制型环境规制政策对工业绿色全要素生产率的影响呈 U 形，而投资型环境规制政策与工业绿色生产率的影响显著负相关。费用型环境规制政策主要是对企业征收排污费，增加企业生产经营成本，使企业减少污染物排放，以达到减少区域环境污染的目的。投资型环境规制政策是对环境保护的投资，同时具有环境效益、经济效益和社会效益。长远而言，对环境污染治理的投资可以使企业积极开发先进的低碳环保技术，购买最新的环保设备，改进生产工艺，提高绿色生产力，从而改善区域环境质量。非正式环境规制在改善区域环境质量方面正在发挥着越来越重要的作用。

出口退税作为鼓励出口的一项重要贸易措施，在激励中国对外出口贸易中起着至关重要的作用。综合以往文献可知，在出口带来的环境问题面前，中国的出口退税体系很明显也具有一定的责任。中国过去的出口退税体系结构仍然不太合理，尤其是对高耗能、高污染和资源性行业产品出口退税水平偏高，这无疑增强了出口对环境的负向影响（毛显强等，2012）。为实现贸易平衡，以及配合国内环境资源保护工作，中国实施了一系列绿色贸易政策，其中之一是围绕"两高一资"行业进行出口退税结构和水平的调整，分批次调低和取消了部分"两高一资"产品的出口退税（刘强等，2008）。出口退税政策的调整会直接影响出口贸易，主要作用于经济活动，进而影响污染物的排放和资源利用的规模与结构，并最终影响环境。

现实中，出口退税作为一种重要的贸易政策工具，对出口产品的结构有着较为显著的影响。就事实而言，政府运用出口退税政策对中国在过去30 年贸易发展起到了非常重要作用。有别于汇率政策，出口退税政策主要是对出口生产或贸易企业在国内生产和流通过程中缴纳的消费税或增值税进行退税，主要是为了提高国内出口贸易企业的国际竞争力和促进其发展。此外，中国贸易出口的产业结构调整也受到了出口退税政策较大的影响。近年来，环境问题日益受到国内外的关注，出口退税调整也更多地被赋予总量控制、结构调整和环境保护等多项职责。

改革开放以来，中国利用出口退税手段主要分以下三个阶段：第一阶段（1978～1995 年），中国未意识到环境问题，出口退税以刺激出口、发展经济为目的。第二阶段（1995～2007 年），中国意识到环境问题，但碍于贸易发展，出口退税政策主要以出口创收为导向。在意识到出口带来的环境问题后，1995 年，中国开始相应降低煤炭等工业品出口退税率，以减少碳排放，改善环境。但是，到1998 年，金融危机对经济影响严重，为了促进中国出口贸易，中国提高了煤炭、钢铁、铝和一些金属原材料的出口退税率。这虽然提高了中国贸易出口水平，但也直接削弱了1995 年退税政策调整对国内环境质量的正向影响。2004～2005 年的税制改革改变了财政拖欠退税款的状况。第三阶段（2007 年以后），面对环境污染，尤其是为应对高污染贸易加工产品的生产对国内环境造成的污染，中国逐步降低了部分"高污染、高耗能、资源性"产品的出口退税率。同时，提高信息技术产品、医药产品出口退税率，提升具有低耗能属性、创新能力强的企业的贸易竞争力。2007 年以后，为了实现经济可持续发展的长远目标，统筹经济增长和环境保护建设，中国再次调整了出口退税政策以抑制资源型和高污染贸易行业的发展。此次的退税政策改动力度较大，与之前的出口退税政策调整相比，此次政策覆盖面较广，覆盖了37% 的海关商品，平均出口退税率降低了 5.9%。其中，重点化工制品、部分化工产品、部分钢铁和碱金属出口退税率下降高达 11.1%。与此同时，政策执行迅速，取消了之前设定的 3 个月过渡期。

2.4 文 献 评 述

综上所述，关于国际贸易与环境的相关研究，国外主要集中于以下几个方面：首先是国际贸易与环境质量的相关研究，包括理论与实证两个方面；其次是有关"污染天堂"假说的验证情况研究；最后是对环境库兹涅茨曲线及其对环境质量的作用形式进行研究，对倒 U 形关系是否存在以及峰值点进行研究。国外关于国际贸易与环境的相关研究较为丰富，无论是理论研究还是实证分析，都有较为完整的研究框架。学者们采取不同的角度，选择不同的工具与方法，利用不同的数据对相关问题进行研究。尽管结论大不相同，但留下了诸多值得借鉴学习的理论、数据与方法。

目前，在理论研究方面，国内外均有所贡献。从国外研究来看，在国际贸易与环境质量之间的关系方面，国外文献已经有所建树，并建立起一套较为完整的理论框架，包括将环境要素纳入理论框架、贸易福利分析等。虽然有文献搭建在异质性企业假设的框架下，但该框架较为简单，分析不够全面，对于企业的描述及相关假设条件的设定都较为单一，并且对国际贸易与环境质量两者关系的阐述不够详细，具有一定的局限性。而国内关于国际贸易与环境的研究起步较晚，多开始于 20 世纪 90 年代，从而导致国内相关领域的文献数量较少，与国外有一定的差距。但从 2000 年起，中国对于相关领域的关注度提高，文献数量有了大幅度的增加。整体来看，国内相关研究的创新性不足，其理论研究主要是借鉴国外已有的模型与方法，并在此基础上结合中国特点进行分析，衍生出针对中国特殊贸易发展与环境问题的研究，如中国加工贸易对环境的影响、贸易对环境的影响在中国各个地区所呈现的差异化特点，以及在中国开放进程中直接引入外资对环境产生的影响等。同时，关于国际贸易与环境质量之间的关系，国内文献主要从对外贸易和外国直接投资两个角度进行研究，并提出"污染天堂"在中国是否成立等命题。国内对于环境产品贸易自由化的研究也多集中在环境产品的出口方面，对于环境产品的进口研究不足，这也是本书试图弥补的部分，毕竟环境产品贸易自由化最终影响的是企业进口行为。

在实证研究方面，国外研究主要采用可计算一般均衡模型、联立方程回归、投入产出分析、计量回归分析等模型。尽管运用不同的模型与方法，保证了一定的精确度，但结论仍存在较大争议。从研究对象来看，国外对于贸易与环境质量的研究主要集中于发达国家，对于发展中国家的研究十分少见。因此，其研究的结果存在争议，并不具有普适性。研究的污染物质主要包括二氧化碳、氮氧化物等，对于新兴污染物质的研究较少。基于此特点，国外研究形成了数量少、方法多的研究状况。尽管在计量分析中许多实证研究文献已经意识到了该问题，但并没有针对其提出具有参考意义的解决措施，因此仍有巨大的研究空间。从国内实证研究看来，通过对国内文献的梳理发现，国内研究同国外研究大致相同，研究领域及方法都较为相似。从研究对象来看，我国学者主要针对国内进行研究，对于其他国家的研究少之又少，普遍存在数据单一且覆盖面小的特点。尽管部分研究对于政府协调贸易与环境有一定帮助，但研究结果不具有普遍性。国内对环境产品贸易自由化的实证研究多从国家、行业等宏观层面进行分析，而本书试图利用微观企业层面的数据，从企业进口环境产品的角度来研究环境产品贸易自由化对环境的影响，从而丰富现有文献。

此外，国内研究缺乏理论创新，单纯集中于实证研究的数据方面，缺乏相关机制的探索。为此，本书试图将贸易措施影响环境的链式反应评价方法（chain reaction assessment method，CRAM）与安特魏勒等（Antweiler et al.，2001）的一般均衡模型相结合，进一步完善贸易措施影响环境的理论模型，并对贸易措施影响环境的机制即规模效应、结构效应和技术效应进行理论推导。污染物质的选择仍以传统的二氧化硫、工业废水等污染物为主，对于新兴污染物质的分析较少。从贸易含污量的分析来看，诸多文献主要采用投入产出分析进行测算，尽管该方法可以进行有效的区分，但从时间成本来看，耗费时间较长，工作量巨大，较长的时间单位对其结果的准确性影响较大，因此存在争议。而运用计量方法进行验证则对数据的准确性及文献中考虑到的内生性问题都有一定的帮助，但其对于变量选择的要求较高。此外，国内的文献主要从宏观层面进行研究，如国家层面数据或省级层面数据，缺少微观分析，这与数据选取困难有一定的关系。但宏观数据的分析无法体现不同行业、企业的差异性，对比效果甚微。因此，采用微观数据的分析更为真实、准确。这是中国实证研究未来在贸易与环境问题上的主要方向。

第3章 WTO 框架下与环境有关的规则及环境议题审议

3.1 WTO 贸易与环境规则

3.1.1 WTO 对贸易与环境问题的基本立场和原则

WTO 在《贸易与环境的决议》以及贸易与环境委员会的一系列工作报告中多次指出："赞同和维护一个公平、公开、非歧视的多边贸易体制，与为保护环境和促进可持续发展而采取的具体行动之间，不应该具有、也不需要有任何政策上的抵触；WTO 愿意在多边贸易体制的应用权限内，协调贸易和环境领域里每一项国家的调控政策。"这可以认为是 WTO 对于贸易与环境问题的基本立场。为此，WTO 贸易与环境委员会将环境与可持续发展观念纳入经济活动中，并试图构建贸易与环境的平衡关系，即在不损害多边贸易体制公平、公开、非歧视性特点的基础上，推进环境保护工作，实现可持续发展。基于上述观点立场，WTO 明确了其在贸易与环境问题上的原则，主要包括以下四点。

1. WTO 环境保护的目标应在其贸易框架内实现

WTO 聚焦贸易问题，环境保护也非 WTO 主要目标。因此，保护环境的目标只可以在多边贸易机制的框架里实现。同时，WTO 只限于协调管理对 WTO 成员产生重大贸易影响的环境政策。例如，WTO 虽然对进口产品的关税实行约束，当缔约方因实施低环境标准而获取不正当竞争利益时，WTO 并不禁止其他缔约方为抵消该不正当竞争利益而对进口产品征收反倾销税或反补贴税，也不禁止缔约方出于国内环境保护的目的对进口产品征收其他国内税费，但因环境保护而对进口产品征收的国内税费不得高于其对国内同类产品征收的税费。

2. WTO 允许各成员自主制定环境政策，但需遵守非歧视待遇原则

WTO 的基本规则为成员自主制定和实施本国的环境政策提供了很大的操作空间。WTO 意识到不同成员经济发展程度不同，对环境质量的要求也不同，因此，不能一味地追求环境保护而忽视各国现状，各国应结合自身现实条件，因地制宜，制定相关的环境政策。但是，各成员自主制定的环境政策需要满足 WTO 非歧视待遇原则，包括最惠国待遇原则和国民待遇原则两个方面。最惠国待遇原则要求对来自不同缔约方的"相同产品"一视同仁，禁止缔约方对"相同产品"采取差别待遇。国民待遇原则要求缔约方在"国内税及其他国内费用"和"政府管理措施"方面，给予进口产品的待遇不低于本国产品。若适用于进口产品的限制同样适用于国内"相同产品"的生产和销售，则不是贸易限制。由于"相同产品"没有明确定义，因此 WTO 主要依据产品的特征（包括物理特性和化学特性）、产品的功能（包括产品最终用途和消费者对产品的心理认知）、关税分类等方面来分析产品之间的关系，以确定是否属于"相同产品"。

3. WTO 对发展中国家给予优惠待遇

根据《关税与贸易总协定》，考虑到各成员经济发展水平的不同，在环境保护方面不应采取完全一致的标准和措施。WTO 的环境保护相关条款中也有给予发展中国家优惠待遇的规定，例如《技术性贸易壁垒协议》（TBT）中允许发展中成员结合自身技术情况和环境要求采用某些技术标准。此外，WTO 还要求给发展中国家提供市场准入机会，通过对不发达

国家开放交易市场促进其对外出口，增加其外汇经济收入。这样，不发达国家才有更丰富的物质资源来实现环境保护和可持续发展。《实施卫生与植物检疫措施协定》（Agreement on the Application of Sanitary and Phytosanitary Measures，以下简称"SPS 协定"）也承认发展中国家在遵守进口成员的动植物卫生检疫措施方面可能会遇到特殊困难，进而在市场准入方面也会遇到困难，希望在这方面发展中国家可以获得帮助。

4. WTO 坚持一般禁止数量限制原则

《关税与贸易总协定》第十一条规定，一般禁止数量限制原则的含义如下：任何成员方不得通过采取配额措施、许可证措施等对其他成员方产品的进口和本国产品的出口实行禁止或限制，除非在例外的情况下。但在例外情况下实行的一定的数量限制应满足非歧视待遇原则，使相关产品的贸易分配额与无限制的情况下其他成员方预期可得到的配额接近。由于农渔产品直接与生态环境相联系，因此当一国为保护生态环境对国内农渔产品产量实行限制时，也可以对农渔产品的进口数量实行限制。一般禁止数量限制的实施可以使成员以保护环境为由采取的数量限制措施受到限制。除非缔约方出于环保目的对进出口产品采取的数量限制符合 GATT/WTO 的例外规定，否则该缔约方就违反了 WTO 的一般禁止数量限制原则。从这一点看，一般禁止数量限制原则似乎不利于环境保护。但很多事实证明数量限制的实施导致了贸易扭曲，进而使生态环境恶化。例如，马来西亚极大的热带木材出口量导致森林的过度砍伐，对生态环境造成严重破坏。为此，一些西方国家对热带木材的进口量实施限制。此举明显降低了马来西亚的热带木材出口量，导致木材价格的下降。鉴于林地经济效益的下滑，当地居民转而毁林耕田，造成乱砍滥伐的加剧。

3.1.2 GATT/WTO 中与环境保护有关的条款及其适用

1. 一般例外

WTO 的一般例外条款是指 GATT 第 20 条。GATT 第 20 条序言及一般例外（b）款、（g）款准许成员国必要时可采取违反 GATT 保障自由贸易规则的措施，以便保障人类、动植物生命健康和保护可能用竭的自然资源。虽然 GATT 第 20 条并未直接明确有关环境的例外，但序言和一般例外（b）款、（g）款却与环境保护息息相关，因此这些条款常常作为处理贸易与环境争端的重要依据①。具体来看，环境例外条款包括两部分内容：第一，符合一般例外的措施必须和保障人类、动植物生命健康及保护可能用竭的自然资源有关，并与限制国内生产或消费一同实施；第二，所采取的措施不会对条件相同的国家构成武断的或不合理的差别待遇或构成对国际贸易的隐蔽限制。只有满足以上条件，违反 GATT 保障自由贸易规则的措施才能免责。

在争端实践中，上诉机构往往采取两步检验法判断争议措施是否符合第 20 条规定。例如，海龟案中美国修改了《濒危物种法》，即增加了 609 条款，要求其他国家采用美国的 TED（turtle excluder device）技术，即海龟驱赶装置技术，海龟可以受到 TED 的阻挡和指引而从捕虾拖网中轻易逃生。根据 609 条款，美国禁止从印度、泰国、马来西亚、巴基斯坦等国进口虾和虾制品，因为上述国家未采用 TED 技术且在捕虾过程中捕虾拖网的使用容易造成海龟被捕，这样海龟会因在水中滞留时间过长而溺死。此案最终裁定美国败诉。但上诉机构认定美国 609 条款保护海龟的措施根据第 20 条（g）款"保护可能用竭的自然资源"一项可以得到成立。这就意味着 609 条款实际上通过了第一步检验，即被认定和保障人类、动植物生命健康及保护可能用竭的自然资源有关。但美国在实施 609 条款时，给予加勒比及大西洋地区的出口国 3 年的过渡期，而给予该案四国的准备期只有 4 个多月，因此，上诉机构认为美国实施的措施对于情况相同的国家之间构成了不合理的差别待遇，609 条款未通过第二步的考察。

总的来说，GATT 第 20 条一方面保障了 WTO 成员采取环境措施的权利，另一方面又要确保这些措施不被贸易保护主义者滥用。但当自由贸易

---

① 刘雪红. 世界贸易组织一般例外条款适用误区之批判 [J]. 东方法学，2018（4）：72 - 82.

和环境保护发生冲突时，WTO 仍优先考虑自由贸易因素。毕竟 WTO 规则和实践的出发点是促进贸易自由化和维护多边贸易体制。随着 WTO 成员对环境关注的深入，贸易与环境也成为 WTO 日益重要的议题。GATT 第20 条作为处理贸易与环境争端的依据也应发展完善，在重视自由贸易价值的同时也应充分考察环境利益价值，实现贸易与环境真正意义上的协调。

2. SPS 协定

该协定中许多条款都与环境保护相关。例如第 1 条总则中规定，本协定适用于所有可能直接或间接影响国际贸易的卫生和植物检疫措施。其中，根据附件 1 的定义，SPS 措施是指用于以下目的的任何措施：第一，保护成员境内的动物或植物的生命或健康免受虫害、病害、带病有机体或致病有机体的传入、定居或传播所产生的风险；第二，保护成员境内的人类或动物的生命或健康免受食品、饮料或饲料中的添加剂、污染物、毒素或致病有机体所产生的风险；第三，保护成员境内的人类的生命或健康免受动物、植物或动植物产品携带的病害，或虫害的传入、定居或传播所产生的风险；第四，防止或限制成员境内因虫害的传入、定居或传播所产生的其他损害。

总的来说，SPS 协定具有 8 条纪律：一是科学性的要求。SPS 协定第2 条第 2 款规定各成员应确保 SPS 措施的实施不超过为保护人类、动物或植物的生命或健康所必需的程度，并以科学原理为依据，如无充分的科学依据则不再实施。二是风险评估要求。第 5 条第 1 款规定各成员应确保其SPS 措施是依据适应环境的对于人类、动物或植物的生命或健康的风险评估。三是国内管制的一致性。第 5 条第 5 款规定，为实现人类和动植物生命或健康保护水平一致的目的，各成员应避免在不同的情况下任意或不合理地实施它所认为适当的不同的保护水平，如果这种差异在国际贸易中产生歧视或变相限制。四是最小贸易限制要求。第 5 条第 6 款要求各成员应确保 SPS 措施不比要获取适当的动植物卫生检疫保护水平所要求的更具贸易限制性。五是 SPS 协定要求使用国际标准。第 3 条第 1 款要求各成员的 SPS 措施应以国际标准、准则或建议为依据。国际标准、准则是指由国际组织如食品法规委员会、国际动物流行病局、国际植物保护公约秘书处等制定的标准、指导原则和推荐的技术标准。六是对同等性的承认。第 4 条第 1 款规定若出口成员客观地向进口成员表明它所采取的 SPS 措施达到了进口成员适当的动植物卫生检疫保护水平，即使这些措施不同于进口成员自己的措施，或不同于从事同一产品贸易的其他成员所采用的措施，各成员应同等地接受其他成员的 SPS 措施。七是控制、检验和批准程序。第 8 条和附件 3 规定各成员在实施控制、检验和批准程序时应确保没有不适当的延误，给予进口产品的待遇不低于类似的国内产品。八是临时措施。第 5 条第 7 款规定在有关科学依据不充分的情况下，成员可根据现有的有关信息，临时采取某种 SPS 措施。

在日本禁止美国苹果出口日本市场的案例中，日本采取的 SPS 措施包括禁止进口美国有火疫病的果园生产的苹果、对生产出口苹果的果园实施一年 3 次的火疫病例行检验等。最终，日本被认定违反了 SPS 协定。首先，日本的 SPS 措施违反了 SPS 协议科学性的要求。专家小组认为，成熟的、无症状的苹果不可能被火疫病传染，而且科学依据不支持成熟的、无症状的苹果上能够寄居 epiphytic 细菌的结论等。其次，日本的 SPS 措施违反了 SPS 协定风险评估要求和临时措施的实施条件。日本仅考虑了火疫病通过苹果传播的可能性，却未评估那些比苹果更可能成为潜在污染源的传播媒介。因此，日本的风险评估不充分。当科学依据不充分时，日本可以临时采取某些 SPS 措施，但已有大量科学研究证实火疫病通过苹果传播的风险。所以，日本违反了临时措施的实施条件。

3. 技术性贸易壁垒协议

《技术性贸易壁垒协议》（*Agreement on Technical Barriers to Tarde*，以下简称"TBT 协议"）鼓励各成员采用国际标准和合格评定程序，减少和消除贸易中的技术性贸易壁垒。TBT 协议允许各成员在其认为适当的程度内采取必要措施以保护人类、动植物的生命或健康及保护环境，但这些措施在条件相同的国家之间不得构成任意或不合理的歧视，或构成对国际贸易的变相限制。当下就有一些 WTO 成员以保护人类健康和环境为借口，针对国外出口的商品设置各种严格的技术规范和限制性保护措施，即绿色贸易壁垒。TBT 协议中与环境保护有关的内容在一定程度上为绿色贸易壁垒提供了一定的合理合法性。常见的绿色贸易壁垒表现形式包括绿色技术标准、绿色环保标志与绿色包装标准、绿色卫生检疫标准。这些壁垒拥有严格的技术规范和标准、复杂的合格评定程序以及严格的包装、标签规则。由于 WTO 发达成员往往是技术标准的制定者，发展中国家只能被动接受相关技术规范和包装规则，因此技术性贸易壁垒具有非对等性和隐蔽性。

中国遭受过不少技术性贸易壁垒和绿色贸易壁垒，主要来自美国、欧盟、日本、加拿大等国家和地区。这些国家和地区一方面对中国出口的产品采取"高标准、严要求"的做法，另一方面还针对不同的进口商品随时改变标准的要求。总体上看，中国的动植物、纺织品、机电产品、农产品和食品受到技术性贸易壁垒和绿色壁垒影响最大。其原因如下：外部方面，发达国家大力宣传绿色贸易，再加上西方国家民众普遍较高的环保意识，使其多次提高环保标准；TBT 协议中的环境条款为技术性贸易壁垒的实施提供了法律上的依据，而发达国家也利用 TBT 协议中的环境条款和漏洞推出更为隐蔽、苛刻的技术性贸易壁垒，从而维护自身利益；发达国家科技发展水平和先进的检测技术为绿色贸易提供了技术支持。内部方面，中国生产技术、环保意识等方面与发达国家差距明显，生产技术落后、资源浪费严重、污染物质超标、不易回收等为进口国设置技术壁垒提供了机会；缺乏第三方检测检验机构，基本没有权威的、国际上普遍认可的产品检验检疫部门，质量认证体系与合格评定程序不完善；缺乏绿色贸易壁垒预警机制，如 TBT 协议要在 60 天内评议各成员通报的技术性法规，中国在技术积累、专家储备、预警人才方面十分缺乏，因此在国际贸易中处处受制。

3.1.3 WTO 贸易与环境规则的特点

综上所述，本书归纳出 WTO 贸易与环境有关规则的特点。

1. 内容上缺乏详细的解释

GATT/WTO 与环境保护有关的条款中，有些只有根本原则性的论述，存在含义不明确、措辞解释范围宽泛等问题。例如，GATT 第 20 条（g）款中的"可能用竭的自然资源"是指全球范围内的自然资源，还是指一国在实施环保措施时其具有管辖权领域内的自然资源。SPS 协议第 5 条第 5 款"为实现人类和动植物生命或健康保护水平一致的目的，各成员应避免在不同的情况下任意或不合理地实施它所认为适当的不同的保护水平"，"它所认为的适当的不同的保护水平"是一个外延很大的概念，WTO 成员常常根据自身认识和理解展开操作，从而引发矛盾。因此，WTO 需要对条款中的表述给出确切的解释，预防一些成员为实行贸易保护而滥用有关条款，减少贸易争端。

2. 形式上较为零散

在 WTO 多边贸易体制中，并没有专门针对环境保护的协议。其环境保护规则通常是以环境例外条款存在于各个协议中。例如 GATT/WTO 第 20 条一般例外条款中的（b）款和（g）款，赋予 WTO 成员环保例外权；SPS 协定在序言中指出，"成员方有权在保护人类和动植物的生命和健康的前提下，采取合理且必要的卫生和动植物检疫措施"；《服务贸易总协定》允许成员在服务贸易方面实施一些约束性措施以保障人类和动植物安全。环保规则形式上的零散性主要归因于贸易机制和环保机制的不同侧重点。WTO 的目的是减少贸易壁垒，实现贸易自由化，而环保机制是通过一系列环境措施实现环境保护。WTO 规则和环境措施之间确实存在紧张关系，不少环境措施被裁定违反了 WTO 协议。但当环境问题成为全球问题时，WTO 政策也不得不向环境保护倾斜。因此，WTO 只是将个别与环境保护有关的条款零散地规定在众多贸易协定之中。

3. 实践上缺乏平衡

虽然 WTO 一直致力于协调和平衡贸易自由和环境保护的关系，但在贸易和环境应用实践中依然存在差异性。发达成员凭借雄厚的资本和先进的技术，经常打着环境保护的旗号对发展中成员采取贸易限制措施，将规定不明确的 WTO 环境基本规则作为其实行贸易保护的借口，从而限制发展中成员产品的出口，以此影响国际竞争，维护其在贸易和环境领域的主导地位。反观发展中国家，其更注重经济发展。而当环境保护成为所有国家的责任和义务时，发展中国家不仅要解决自身生存发展问题，还要面临发达国家实施的绿色贸易壁垒。在双重压力下，发展中国家不得不采取防御性方式来应对具有一定合法性的环境壁垒，甚至对将贸易与环境问题归类于多边市场贸易谈判表示反感①。若 WTO 环境基本规则发展成为发展中国家的市场贸易障碍，那么发展中国家的经济发展速度将会大大延缓，这无疑会使在资金和技术上相对落后的发展中国家雪上加霜。

3.2　WTO 贸易政策审议中的环境审议

3.2.1　环境审议的基本情况

贸易政策审议作为 WTO 三大基本功能之一，其作用主要有三点：首先，提高 WTO 成员贸易政策的透明度。其次，监督各成员贸易政策与 WTO 规则相一致，同时监督各成员履行义务的情况。最后，成员间可以相互获取贸易政策信息，为其多边贸易谈判提供支持。根据《马拉喀什建

---

① 刘敬东.WTO 中的贸易与环境问题［M］.北京：社会科学文献出版社，2014。

立世界贸易组织协定》附件 3《贸易政策审议机制》的规定，所有世贸组织成员的贸易政策和措施均须接受定期审议。附件 3 规定，最近代表期内世界贸易份额最大的四个成员每 2 年审议一次，其后的 16 个成员每 4 年审议一次，其他成员每 6 年审议一次，对于最不发达国家成员可以规定更长的期限。2017 年 7 月附件 3 对此进行修订，审查周期分别改为 3 年、5 年和 7 年，并于 2019 年 1 月 1 日开始实施。

由于国际社会日益重视贸易与环境问题，环境与贸易措施在贸易政策审议中也被重点关注。以 2012 ~ 2015 年为例，包括欧盟、美国、中国、日本在内的 93 个 WTO 成员先后接受了共计 73 次贸易政策审议，涉及 146 份报告。其中秘书处报告涉及"环境"（剔除投资环境、商业环境等无关词汇）关键词共计 1496 次，政府政策声明"环境"关键词出现的词频为 687 次。无论是秘书处报告还是政府政策声明中，"环境"关键词出现的词频整体上都呈现出上升趋势。2012 年秘书处报告中"环境"关键词词频仅为 200 多次，而到 2015 年上升至 400 多次；政府政策声明中涉及"环境"的关键词也由 2012 年的不到 100 次增长至 2015 年的 200 多次。由此可见，WTO 贸易政策审议对环境议题的关注度日益加深。

3.2.2　WTO 成员与环境有关的贸易措施审议

本节对部分与环境有关的贸易措施进行梳理，包括其涉及的贸易政策文件编号、贸易政策内容等，详见附录 A。2009 ~ 2019 年，WTO 贸易与环境司共统计并披露 8627 条与环境有关的贸易政策审议（trade policy review，TPR）条目，包含 31 类与环境有关的贸易措施，涉及 129 个 WTO 成员的农业、渔业、服务业、制造业等领域。其主要特点如下。

1. 与环境有关的 TPR 条目数呈现先增后减趋势

本节对 WTO 环境数据库（EDB）中与环境有关的贸易措施条目进行梳理，如图 3.1 所示。

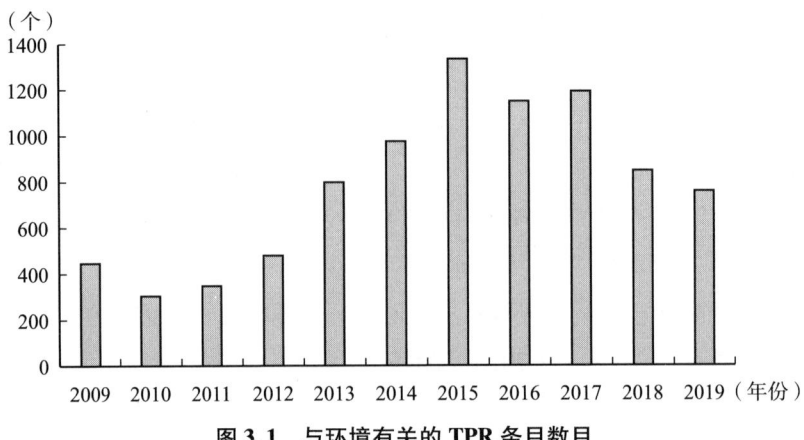

图 3.1　与环境有关的 TPR 条目数目

资料来源：根据 WTO 官网整理所得。

　　由于 WTO 环境数据库于 2009 年开发应用并由电子数据库（Excel 格式）和纸质记录（Word 格式）组成，因此本节所统计的 TPR 条目数也始于 2009 年。由图 3.1 可以看出，2010～2015 年，TPR 条目数呈现出不断增加的趋势，尤其从 2012 年起，增长速度明显上升，到 2015 年 TPR 条目数为 1333 个，达到峰值。究其原因，一方面是由于全球环境意识的普遍崛起导致 WTO 贸易政策审议对环境议题的关注度逐年提升；另一方面，贸易与环境的关系日益紧密，新兴经济体为协调经济与环境的发展，不断调整与环境有关的贸易措施，因此 WTO 秘书处在贸易政策审议中给予了强烈关注。2014 年 7 月，欧盟、中国、美国、日本等 14 个 WTO 成员启动了建立《环境产品协定》（EGA）的诸边谈判，更是将贸易与环境议题推向高潮，诸多与环境有关的贸易政策于 2015 年接受审议，因此 2015 年 TPR 条目数达到最多。

　　而 2015～2019 年期间，除 2017 年略有增长外，WTO 成员提交的与环境有关的 TPR 条目数整体呈下降趋势。2019 年 WTO 共统计出 758 条与环境有关的 TPR 条目，少于 2013 年的 798 条。针对这种情况，外界普遍将其归因于近些年来 WTO 贸易政策审议结果缺乏必要的强制约束力，贸易政策审议机制也缺乏与贸易谈判、争端解决机制的紧密协作，从而削弱了其作用效力，因此一些被审议成员的政府政策声明中涉及环境议题的次数减少。再加上 WTO 秘书处人力资源不足，贸易政策审议无法保证按照周期完成，因此在秘书处报告中与环境有关的篇幅也有所削减。除此之外，出于种种现实困境，《环境产品协定》谈判也于 2016 年底宣布搁浅，诸多与环境有关的贸易政策没有进一步落实。

2. 涉及 WTO 成员广泛，且主要发达成员与发展中成员使用者数目相当

截至 2019 年底，共有 129 个 WTO 成员提交过与环境有关的贸易措施，占 WTO 总成员（164 个）的 78%。其中，提交与环境有关的 TPR 条目数最多的 5 个国家和地区为欧盟（342 个）、中国（335 个）、美国（330 个）、加拿大（230 个）、日本（177 个），提交最少的国家为圣卢西亚，仅有 13 条。本节整理了提交与环境有关的 TPR 条目数最多的 20 个国家和地区，如表 3.1 所示。

表 3.1 　　　　　　　　　**WTO 成员提交与环境有关的 TPR 条目数**

提交与环境有关的贸易政策审议国家和地区	涉及与环境有关的 TPR 条目数（个）
欧盟	342
中国	335
美国	330
加拿大	230
日本	177
马来西亚	175
瑞士	168
中国台湾	168
列支敦士登	168
巴西	148
澳大利亚	136
泰国	133
秘鲁	122

提交与环境有关的贸易政策审议国家和地区	涉及与环境有关的 TPR 条目数（个）
中国香港	121
韩国	117
墨西哥	111
挪威	109
新西兰	107
智利	102
北马其顿	99

资料来源：根据 WTO 官网整理所得。

从表 3.1 来看，提交与环境有关的 TPR 条目数最多的 5 个国家和地区中，只有中国为发展中国家。在排名前 20 的国家和地区中，发展中成员共占据 11 位，分别为中国、马来西亚、中国台湾、巴西、泰国、秘鲁、中国香港、韩国、墨西哥、智利、北马其顿。因此，提交与环境有关的 TPR 的 WTO 发展中成员与发达成员数目基本相当，这在一定程度上反映了无论是发达成员还是发展中成员，都对环境问题予以重视，同时也能看出 WTO 贸易政策审议不论对发达国家还是新兴市场与环境有关的贸易措施都表现出强烈关注。

3. 涉及行业众多，重点关注能源行业

本节整理了与环境有关的 TPR 涉及的行业情况，如图 3.2 所示。

由图 3.2 不难发现，与环境有关的 TPR 涉及众多行业，其中使用最多的 4 个行业为能源业（1312 个）、农业（932 个）、渔业（720 个）、服务业（578 个）。能源业尤为突出，其所涉及与环境有关的 TPR 条目数占所有行业条目数的 23.7%。这主要是因为能源业涉及各种能源资源，包括煤炭、石油、电力、太阳能、风能、生物质能等，其在 WTO 贸易政策审议的环境议题中备受关注，能源行业所涉及的与环境有关的关键词（energy、sustainable 等）在贸易文件中出现频率也很高，因此能源行业涉及与环境有关的

TPR 条目数最多。排在第 5 至第 7 位的行业是林业（413 个）、制造业（410个）、其他行业（404 个），占比分别为 7.5%、7.4% 和 7.3%。"所有产品"涉及一国的所有行业，如贸易政策文件 WT/TPR/S/384/Rev. 1 中声明："2009 年，坦桑尼亚颁布《公共卫生法》，以管理与环境卫生有关的所有问题。"所有产品涉及的与环境有关的 TPR 条目数仅为 62 个，占比为 1.1%。

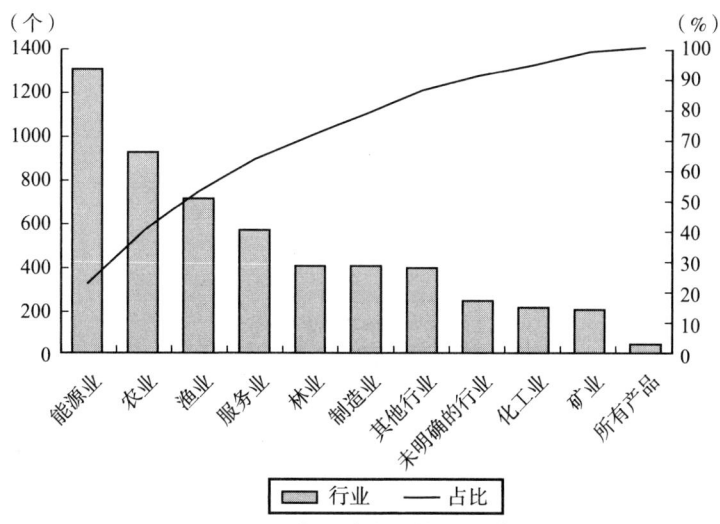

图 3.2　行业与环境有关的 TPR 条目数

资料来源：根据 WTO 官网整理所得。

4. 环境规制类和基于环境要求的措施使用数目多，基于价格和市场的措施使用少

本节整理了 31 类与环境有关的贸易措施使用情况，如图 3.3 所示。可以看出，WTO 成员整体使用最多的为环境规制措施，该措施数目占比达 15.2%。事实上，WTO 贸易与环境司将一国贸易政策声明中涉及的环境规制、环境目标，政府实体与环境有关的职能，与环境有关的部门评估、分析等都纳入环境规制措施中。因此，环境规制无论在被审议成员政府的政策声明中还是在 WTO 秘书处撰写的秘书处报告中都占据了较多篇幅。接下来排名为 2~10 名的措施中，基于环境要求的措施占据了 5 位，分别是禁止措施、技术法规或规范、进口许可、其他环境要求、出口许

可。支持措施占据了 3 位，为税收减免、补助金及直接付款、其他支持措施。其他措施占据了 1 位，而基于价格和市场的措施没有入榜。反观措施排名的后 3 位，均为基于价格和市场的措施，分别为保障措施/调查、反补贴措施/调查、反倾销措施/调查，所使用的数目分别为 1 个、9 个、10 个，占比分别是 0.01%、0.1%、0.2%。这在一定程度上说明 WTO 成员整体上更倾向采取环境规制类和基于环境要求的措施以实现可持续发展，而基于价格和市场的措施，尤其是贸易救济措施（保障措施、反倾销措施、反补贴措施）在环境问题上使用较少。

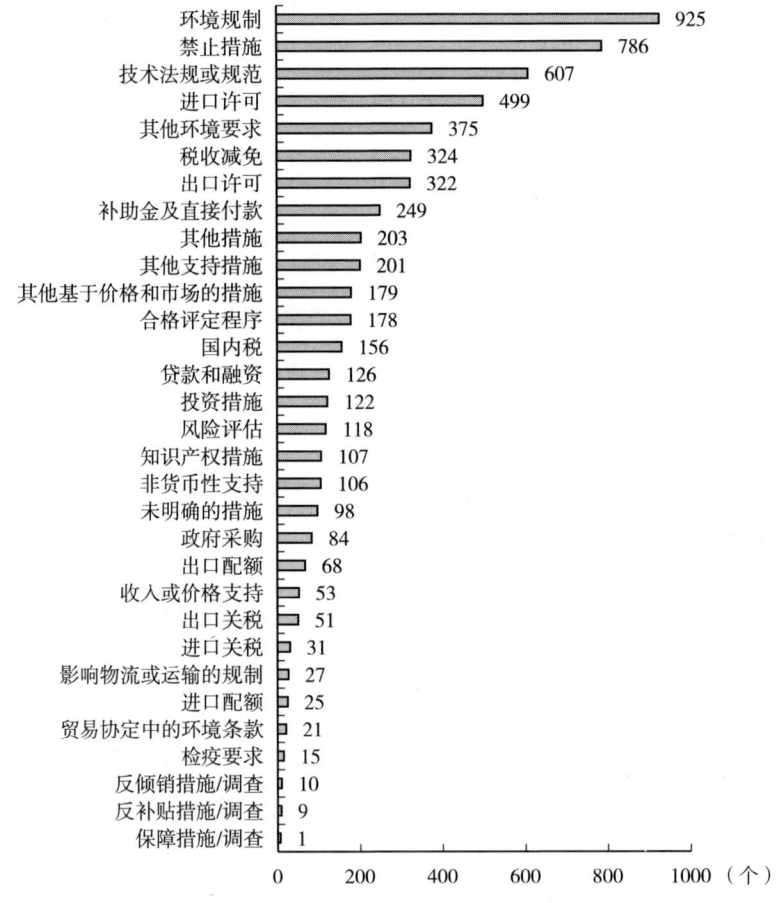

图 3.3　各类与环境有关的贸易措施使用条目数

资料来源：根据 WTO 官网整理所得。

3.2.3 中国在审议中关注的环境议题

考虑到环境问题的重要性，中国近些年加强了 WTO 贸易政策审议中环境议题的参与程度。以 2013～2017 年为例，中国全程参与了贸易政策审议，对欧盟、美国、日本等与中国贸易关系密切的成员给予了重点关注。中国共提出 32 份环境问题清单，包括 214 个环境问题，尤其关注这些成员与环境有关的贸易措施。从表 3.2 中可以看出，中国针对秘书处报告提出的环境问题个数为 159 个，远高于针对政府政策声明提出的 55 个环境问题。这是因为秘书处报告的客观性使中国对其更加关注；同时，秘书处报告对环境问题的表述相较于政府政策声明更加充分。

表 3.2 　　 2013～2017 年中国参与 WTO 贸易政策审议及环境问题清单情况

时间	审议成员	环境问题总个数	对政府政策声明问题个数	对秘书处报告问题个数
2013 年 3 月	阿根廷	8	1	7
2013 年 3 月	印度尼西亚	10	2	8
2013 年 3 月	墨西哥	8	1	7
2013 年 4 月	瑞士	8	3	5
2013 年 5 月	苏南里	1	0	1
2013 年 6 月	巴西	5	1	4
2013 年 6 月	欧盟	15	0	15
2013 年 10 月	秘鲁	6	1	5
2014 年 2 月	缅甸	9	3	6
2014 年 11 月	美国	15	9	6
2015 年 2 月	日本	5	1	4
2015 年 3 月	澳大利亚	7	4	3
2015 年 5 月	印度	6	1	5
2015 年 5 月	加拿大	6	1	5

续表

时间	审议成员	环境问题总个数	对政府政策声明问题个数	对秘书处报告问题个数
2015 年 5 月	智利	10	2	8
2015 年 5 月	新西兰	4	1	3
2015 年 5 月	欧盟	11	6	5
2015 年 8 月	圭亚那	8	3	5
2015 年 11 月	泰国	4	1	3
2016 年 5 月	阿尔巴尼亚	6	0	6
2016 年 6 月	阿联酋	2	0	2
2016 年 9 月	俄罗斯	2	0	2
2016 年 10 月	韩国	5	0	5
2016 年 12 月	美国	16	4	12
2017 年 3 月	日本	2	0	2
2017 年 4 月	墨西哥	6	2	4
2017 年 5 月	瑞士	5	1	4
2017 年 6 月	尼日利亚	5	2	3
2017 年 7 月	欧盟	6	2	4
2017 年 7 月	巴西	6	2	4
2017 年 9 月	牙买加	3	1	2
2017 年 11 月	柬埔寨	4	0	4
合计		214	55	159

资料来源：根据 WTO 官网整理所得。

表 3.3 归纳了中国环境问题清单的重点关注领域。可以看出，中国重点关注的环境议题包括环境产品与服务、环境经济政策（环境税、新能源产业政策、环境政策评估体系等）、FTA 环境议题、环境准入（环境许可、项目环评等）和其他一些议题。这些问题既涉及与环境有关的贸易措施，也涉及各成员在境内实施的环境政策。中国对环境产品与服务、FTA 环境条款的重视也表明了中国愿意通过加强国际合作来实现环境保护的目的。

需要注意的是，环境产品与服务位于中国环境问题清单关注领域的首位。

表 3.3   2013~2017 年中国环境问题清单关注领域及各领域占比情况

中国环境问题清单的关注领域	该领域占所有领域的比重（%）
环境产品与服务	20
环境经济政策	13
FTA 环境议题	12
环境准入	12
贸易投资政策环评	6
进口措施	5
环境与贸易管理机构	5
政府采购	4
出口措施	4
其他措施	19

资料来源：根据 WTO 官方数据整理所得。

3.2.4　WTO 其他成员对中国环境议题的关注点

2006 年中国首次接受 WTO 贸易政策审议。截至 2021 年 10 月，WTO 对中国共进行了 8 次贸易政策审议。中国作为 WTO 重要成员之一，其贸易政策及变动备受其他成员关注。通过分析其他成员对中国贸易政策审议提出的环境问题清单，可以总结出各成员对中国环境议题的关注点。

1. 中国与环境有关的贸易措施

为了避免对不可再生资源的过度开采，减少对环境的破坏，中国实施了一些贸易限制措施，如出口退税、进出口许可、配额以及禁止措施。2017 年中国禁止进口生活来源废塑料、未经分拣的废纸以及纺织废料等就是一个典型的例子。除了限制措施外，鼓励措施如中国的环境产品贸易自由化也引起 WTO 其他成员的重视。一方面，中国可以通过国内削减环境产品的关税和非关税壁垒等单方面措施增加环境产品进口；另一方面，中国也可以利用区域贸易协定来实现环境产品贸易自由化。无论哪种方式，都可以为中国获取发达国家的绿色技术援助和技术转移创造良好的条件，而这又无疑加速了中国环境产品的革新，增强了其出口竞争力。尽管WTO 贸易政策审议并不对成员的贸易措施进行评论，但其他成员可以对审议成员的做法提出关注和批评。中国与环境有关的贸易措施的变动会对与中国贸易往来频繁的成员带来很大影响，因此广受 WTO 成员关注。

2. 中国的环境标准

环境标准属于技术性贸易壁垒的范畴，主要分为产品标准和生产过程标准（processing & product method，简称"PPM 标准"）。前者规范产品本身的特性，如物理化学特征以及产品的功能，后者不规范产品本身特性，而是对产品的生产过程和加工方法制定特定的环境标准，如规定产品制造过程中废弃物的排放种类和数量等。TBT 协议中允许进口国出于保护人类、动植物生命或健康以及保护环境的目的而限制不符合本国 PPM 标准的产品进口，只要该 PPM 影响了产品的质量和性能。SPS 协议也规定进口国有权以产品的 PPM 标准为基础进行风险评估，采取贸易限制措施，但只能以保护本国领域内人类、动植物生命健康为限，也就是说 PMM 标准影响到产品本身的性能，对进口国造成危害。WTO 成员一方面担心中国提升环境标准从而设置更多绿色贸易壁垒，另一方面又担心中国降低环境标准以提升国内产业竞争力。因此，WTO 其他成员在对中国贸易政策审议中非常重视中国环境标准的合规性和必要性。

3. 中国的环境经济政策

环境经济政策包括了中国环境法律、法规以及与贸易有关的环境政策制定的主体和流程。由于贸易与环境的关系日益密切，环境经济政策也逐步成为贸易政策框架的重要组成部分，各成员的环境经济政策也在 WTO 秘书处报告中有所表述。节能减排政策、资源环境税、政府绿色采购等都是 WTO 成员对中国贸易政策审议中所关注的重点。除此之外，与环境有关的产业政策的变动也引起了 WTO 其他成员的重视。这是因为环境服务业和环保产业作为中国重点培育的新兴产业所获取的政策支持势必使其竞争优势得到提升，进而在贸易上凸显出比较优势，而且环境服务业和环保产业的发展会带动相关上下游产业的发展。因此，WTO 成员将中国的环境经济政策作为对华贸易政策审议环境议题的关注点。

第4章　WTO 主要发达成员与环境有关的贸易措施实践

纵观 WTO 成员所提交的与环境有关的 TPR 条目，WTO 主要发达成员提交的与环境有关的贸易措施条目数名列前茅。在排名前 5 的国家和地区中，发达成员占据 4 位，分别是欧盟（342 个）、美国（330 个）、加拿大（230 个）、日本（177 个）。由于欧盟、美国、日本、加拿大等国家和地区是多边贸易体制最重要的参与者和影响者，同时也是《巴黎协定》《环境产品协定》等与环境有关的多边协定的主要推动者和缔约方，因此 WTO 主要发达成员所实施的与环境有关的贸易措施无论对国际贸易还是全球环境都产生重大影响。鉴于此，本章选取欧盟、美国、加拿大、日本这 4 个发达成员为代表，研究 WTO 主要发达成员与环境有关的贸易措施使用现状、特点及成因，并试图进行国际比较，从而归纳总结发达成员贸易措施的共性与差异，具有较强的现实意义。

4.1　WTO 主要发达成员与环境有关的贸易措施现状及特点

4.1.1　欧　盟

欧洲早年间完成了工业革命和科技发展，在此过程中经历了环境污染，这使欧盟较早意识到了环境问题。作为世界主要经济体和贸易集团，相对充足的社会财富和收入支撑着欧盟及其成员较早涉足环境恶化、气候变暖等全球性问题的治理。欧盟在国际社会上也享有全球环境治理"领跑者"的名誉。欧盟委员会的欧盟环境署（EEA）主要负责监管和引导欧盟环境政策，2010 年欧盟委员会发布"欧洲 2020 战略"，其中基于提高资源使用率、更加绿色和更强竞争力的"可持续性增长"成为该战略的核心。作为 WTO 主要成员，欧盟始终十分关注 WTO 贸易审议的环境议题，本节整理了欧盟 2007～2018 年与环境有关的贸易措施使用情况，详见附录 B。整体来看，欧盟对与环境有关的贸易措施使用呈现出以下特点。

1. 侧重使用支持类措施，较少使用基于价格和市场的措施

图 4.1 反映了欧盟对各类与环境有关的贸易措施的使用情况。可以看出，欧盟倾向于使用补助金及直接付款、其他支持措施、技术法规或规范等措施来实现环境保护，而对基于价格和市场的措施使用量整体偏少，与环境有关的进出口关税、进出口配额、反补贴措施、保障措施等措施使用条目数为 0。措施排名前 6 位分别是补助金及直接付款（42 个）、其他支持措施（38 个）、技术法规或规范（29 个）、政府采购（26 个）、禁止措施（24 个）、环境规制（24 个）。其中，支持措施占 3 位，分别是补助金及直接付款、其他支持措施、政府采购。

事实上，支持措施使用数目多主要归因于欧盟委员会对生态创新促进环境保护的鼓励。欧盟始终认为，生态创新可以提高自然资源使用率和增强环境自身的抵御能力，因此欧盟委员会将大量资金投入生态创新公司，用于资助其新产品和技术的研发。同时，欧盟还积极推动绿色公共采购，是否获得大量采购取决于该产品的生命周期和生态标签。这样一来，越来越多的企业就会愿意采用绿色技术，这就在很大程度上减少了产品生产过程中对环境的污染和破坏。除此之外，欧盟非常重视技术法规、环境规制和禁止措施，技术法规规定涉及安全、健康、环境、公众利益的基本要求且强制执行，欧盟委员会还明确表示不鼓励在能源、工业、农业等领域使用污染工艺，未达到欧盟技术标准的国外商品也将被采取禁止措施。欧盟的环境规制也在不断健全和完善，在欧盟官网上几乎每一年都会发布或更新环境政策的官方文件。2015 年欧盟接受 WTO 贸易政策审议时，其详细阐述了出台环境政策的背景，同时说明了实施环境对策的具体方法。另外，欧盟委员会认为市场虽然在缓解稀缺资源压力方面发挥了一定的作用，但保护和改善环境主要还是需要依赖政府投入和补贴，而市场有其自身的发展规律，不应过分干涉，因此欧盟对基于价格和市场的措施使用数目极少。

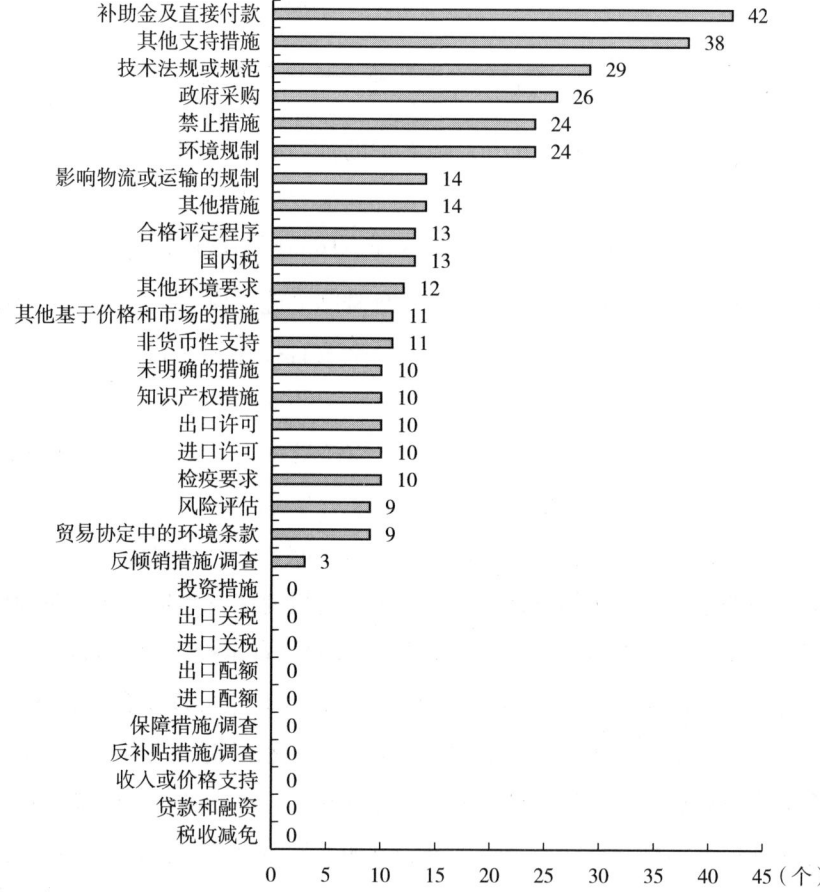

图 4.1　欧盟使用各类与环境有关的贸易措施条目数

资料来源：根据 WTO 官网整理所得。

2. 与环境有关的贸易措施主要集中在渔业、服务业和农业

本节梳理了欧盟贸易政策文件中"Sector"（行业）章节下所涉及的与环境有关的贸易措施条目，可以看出排名前三的行业分别是渔业（113 个）、服务业（92 个）、农业（72 个），这三个行业涉及与环境有关的 TPR 条目数占所有行业的比例分别为 33%、26.9%、21.1%（见图 4.2）。首先，欧盟对渔业管理非常重视，不同于其他典型渔业国家，欧盟渔业管理机构是在欧盟共同渔业政策管制的背景下成立的，以使欧盟各成员遵守共同渔业规则。除此之外，欧盟还设立了欧洲渔业管理局，以更好地检查和监管成员的渔业活动。欧盟渔业基金的设立更是能促进区域渔业经济，实现可持续发展。欧盟在渔业上使用的措施包括限制渔业资源获取、规定渔具规格和操作以及减少对特殊物种的捕捞等。其次，欧盟在服务业上也使用了较多与环境有关的 TPR，主要集中在废物管理和资源回收等领域，欧盟鼓励成员政府引导发展方向，利用与环境有关的贸易政策促进环境市场的形成，推动环境服务业的发展。农业方面，欧盟从削减农产品的价格支持转变为对农户的直接支付，特别是 2013 年欧盟为实现环境保护和可持续发展采取了绿色化支付（greening），实施事项包括作物种植多样化、保护湿地、减少化肥、维护永久草地等。欧盟在能源业、制造业、化工业、林业、矿业使用的与环境有关的 TPR 条目数分别为 25 个、16 个、7 个、6 个、5 个，而在欧盟的贸易政策文件中"Sector"（行业）章节下，未明确的行业、其他行业和所有产品与环境有关的贸易措施使用量占比均不到 1%。

3. 不同年份使用的与环境有关的贸易措施条目数波动较大

2007 年与环境有关的 TPR 条目数仅有 11 个，2008 年、2009 年有了明显的增长，这两年欧盟使用了较多技术法规和合格评定程序措施来实现环境治理。由图 4.3 可以看出，从 2011 年起，欧盟与环境有关的贸易措施条目数实现了连续 4 年的增长。在 2009 年哥本哈根气候大会前，欧盟就阐明了对达成"后 2012 全球气候协议"的预期，并认为发达国家到 2050 年应将其污染排放量减少 80% ~ 95%。2012 ~ 2015 年，欧盟各成员使用了较多补贴措施来实现环境保护。例如，英国以政府直接拨款的方式对低碳和研究发展方案进行了为期 2 年的补贴，北爱尔兰 DETI – 可再生能源热激励（2012 ~ 2020 年）获得了英国总金额为 232 万英镑的税收激励，法国的技术研究机构（IRT）和无碳能源领域的优秀研究机构（IEED）项目得到 17379 万欧元的政府拨款，德国促进能源的有效利用项目获得 6 年总金额为 3218.89 万欧元的研发补贴等。2016 年与环境有关的 TPR 条目数降低，这一年欧盟减少了对合格评定程序、风险评估等措施的使用。2017 年与环境有关的 TPR 条目数达到最多，这主要是因为除了增加补贴措施外，欧盟增加了禁止措施、出口限制、环境规制等的使用，如 WT/TPR/S/357/Rev.1 文件中声明 2017 年欧盟禁止出口金属汞和某些汞化合物以及对废物出口进行限制。

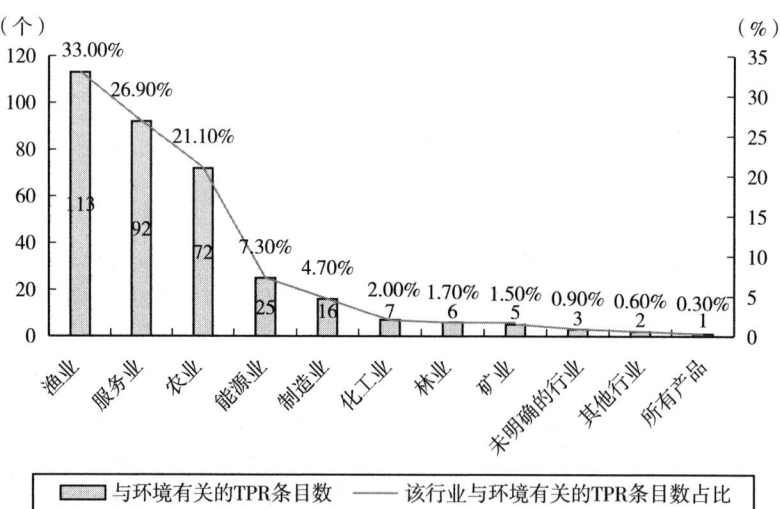

图 4.2 欧盟各行业涉及与环境有关的贸易措施情况

资料来源：根据 WTO 官网整理所得。

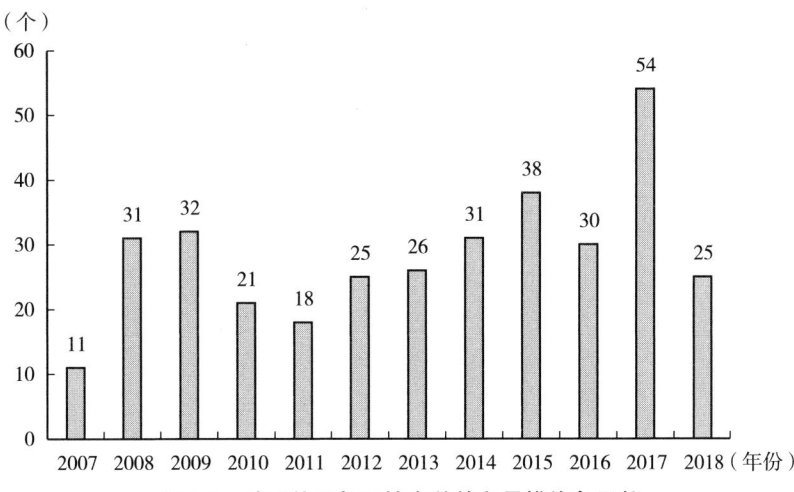

图 4.3 欧盟使用与环境有关的贸易措施条目数

资料来源：根据 WTO 官网整理所得。

4.1.2 美国

作为全球第一大经济体和第二大排放国，美国的贸易政策和环境政策对全球贸易和环境治理都会产生重要影响。事实上，美国环境政策一直有较强的周期性和反复性。克林顿执政时期，美国签订了《京都议定书》。而小布什执政期间，美国环境政策趋于保守并于 2001 年退出了《京都议定书》。2009 年，奥巴马意识到前政府环境政策的保守性，开始制定一系列与环境有关的贸易措施和环境治理措施，并积极推动《巴黎协定》《环境产品协定》的达成。特朗普上台后否定了奥巴马对环境问题的积极态度，对奥巴马政府确立的能源、气候、与环境有关的贸易政策等做了大范围调整，并坚持退出《巴黎协定》，《环境产品协定》也就此搁浅。拜登上台后又非常重视气候变化、清洁能源等，并强调环境正义且加强环境执法。美国重返《巴黎协定》，《环境产品协定》谈判又重新提上日程。本节整理了美国作为 WTO 主要成员 2007～2018 年提交的与环境有关的贸易措施情况，详见附录 C。通过分析，总结出以下特点。

1. 美国使用支持措施数目多且差异明显，使用基于价格和市场的措施数目少

从图 4.4 中可知，美国倾向于使用支持措施来实现可持续发展。使用量排名前 4 的均为支持类措施，分别是税收减免、补助金及直接付款、贷款和融资、其他支持措施。但美国对政府采购、收入或价格支持这两类支持措施使用量极少，均为 1 个。除此之外，美国总体对基于价格和市场的措施使用量小，其中与环境有关的进口关税、出口关税、保障措施、反补贴措施的使用量均为 0。WTO 对美国的统计年份为 2009~2018 年，奥巴马政府执政阶段为 2009 年 1 月 20 日至 2017 年 1 月 20 日，也就是说经梳理的与环境有关的贸易措施大多数体现了奥巴马政府对于贸易与环境的意志。首先，奥巴马当选后明确表示接受全球变暖的事实，并推行一系列环境治理和低碳措施。奥巴马政府重视清洁能源发展，制定了《清洁电力计划》，并在能源项目上实行了税收减免、政府拨款、贷款担保等大量补贴，其中高技术汽车制造贷款项目、化石能源研发项目、可再生能源项目、技术创新担保项目平均每年投入额都超过了 6 亿美元。美国较少使用基于价格和市场的措施，主要是因为其对环境治理及推动绿色技术研发方面的作用不及政府拨款直接和明显。

2. 美国与环境有关的贸易措施明显集中在能源业

图 4.5 反映了美国各行业涉及与环境有关的贸易措施情况，可以看出能源业可谓一枝独秀，共涉及 151 条与环境有关的 TPR，数目占比高达整个行业 TPR 的 45.80%。这主要得益于美国政府对于能源行业的重视。虽然奥巴马政府和特朗普政府对环境的态度完全不同，但两届政府都高度重视能源方面的措施。特朗普政府推翻了奥巴马政府制定的《清洁电力计划》，还放宽了对发电厂使用化石燃料的限制。奥巴马给予新能源技术研究大量补贴，而特朗普强调在能源政策上回归传统，减少新能源技术研究的开支，强化对石油、天然气等传统能源基础设施建设，扩大美国煤炭出

口。因此，能源业涉及的与环境有关的 TPR 条目数一直居高不下。制造业、其他行业、农业、渔业、服务业等涉及的与环境有关的贸易措施条目数差距并不大，化工业、林业和矿业使用条目数居后三位，分别是 10 个、8 个和 2 个，占整个行业 TPR 条目数的 3.0%、2.4% 和 0.6%。

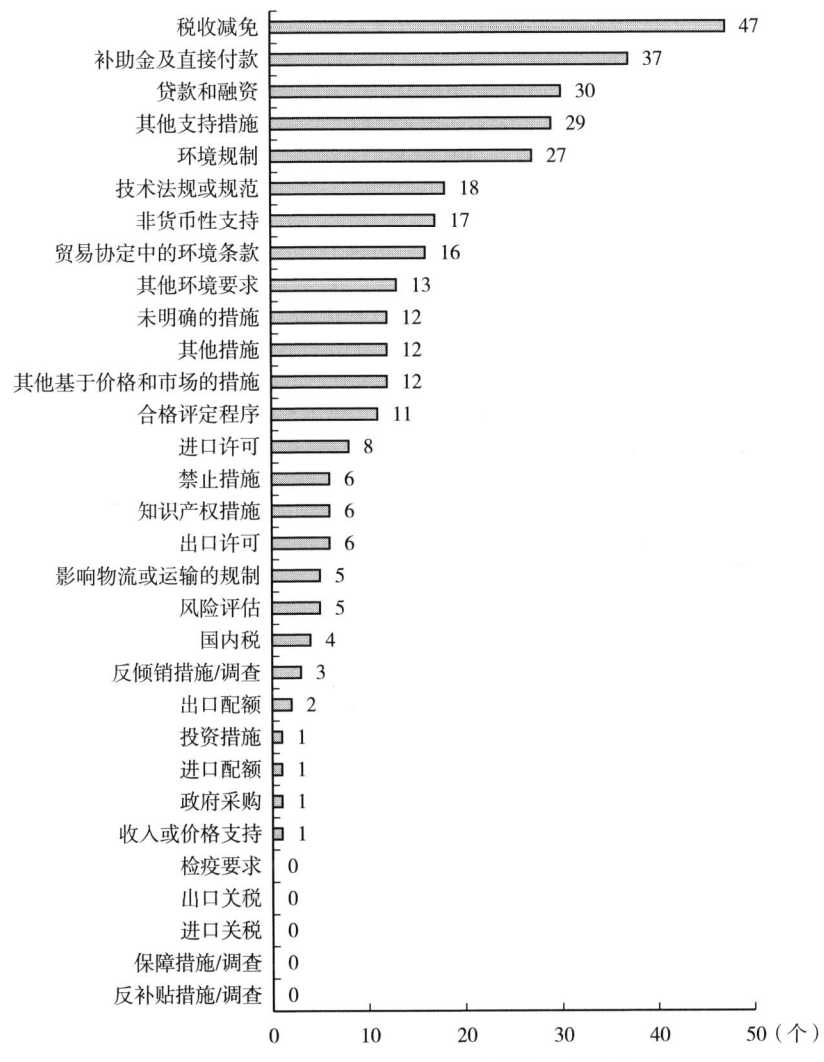

图4.4 美国使用各类与环境有关的贸易措施条目数

资料来源：根据 WTO 官网整理所得。

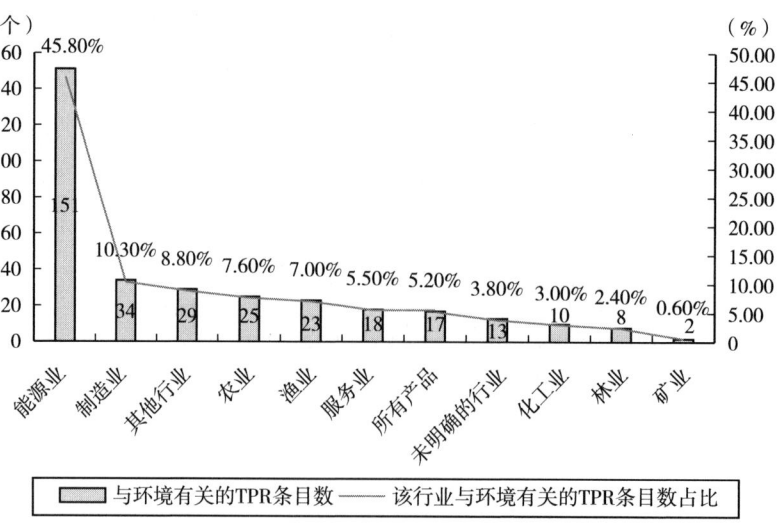

图 4.5　美国各行业涉及与环境有关的贸易措施情况

资料来源：根据 WTO 官网整理所得。

3. 时间上呈现出阶段性特征

如图 4.6 所示，第一个阶段是 2007 年和 2008 年，与环境有关的 TPR 条目数明显偏低。这个时期是小布什执政阶段，整体来说小布什政府在与环境有关的贸易措施方面趋于保守。一方面，小布什代表的共和党中有不少人不承认气候变化的科学事实，而且也否定全球环境治理的意义，这从小布什政府退出《京都议定书》就可以看出；另一方面，美国中下层民众对于环境保护的态度始终不积极，精英阶层相对而言更重视环境。小布什政府为了赢得中下层民众的好感和支持，巩固其反精英主义立场，对环境问题往往避重就轻。第二个阶段是 2009～2016 年，与环境有关的 TPR 条目数实现较大幅度连续增长。2009 年奥巴马当选后即承认全球气候变暖的事实并承诺对绿色气候基金进行资金支持。这期间奥巴马不仅在国内确立低碳转型目标，在国际上增加了对外环境援助，并积极推动《巴黎协定》的达成。这主要是因为奥巴马政府意识到小布什执政期间环境政策的保守性对全球环境治理和美国环境质量都造成了一定的破坏，因此低碳措施势

在必行。政策的大范围调整有助于美国在环境外交中扮演全球环境治理领
导者的角色。第三个阶段是 2017 年和 2018 年，与环境有关的 TPR 条目数
有了明显回落。这个时期是特朗普执政时期，而特朗普本人认为全球气候
变化是一个"全球性的骗局"。因此，特朗普政府取消了奥巴马政府制定
的气候政策、能源政策文件，对与环境有关的贸易措施也做了不少调整，
最为显著的就是减少了与环境有关的补助金及直接付款、税收减免、贷款
和融资。此外，特朗普认为奥巴马政府的减排措施和对绿色项目的补贴使
美国经济承受巨大压力，而重振传统能源行业可以从整体上降低美国制造
业成本，同时也是能源结构调整的需要。

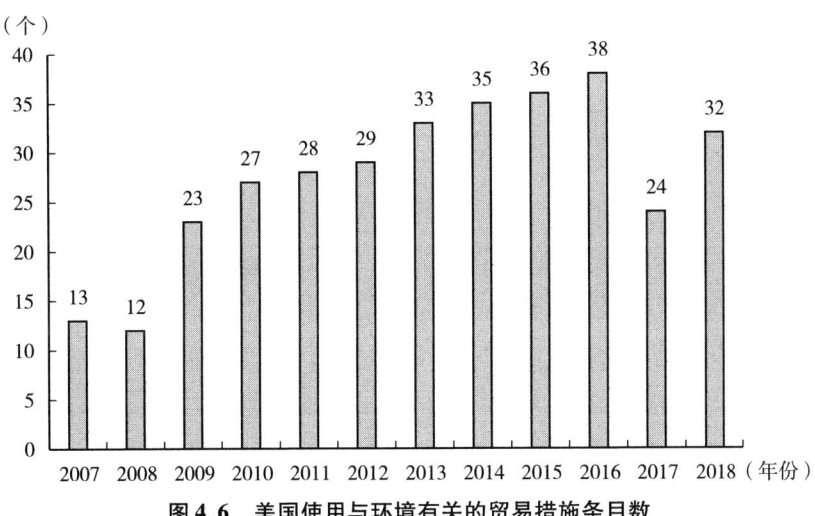

图 4.6　美国使用与环境有关的贸易措施条目数

资料来源：根据 WTO 官网整理所得。

4.1.3　加拿大

　　加拿大长期以来十分重视环境保护且具有不断演进的生态保护政策体
系。1993 年加拿大出台了《节能法》，赋予联邦政府制定节能措施的权
力。1998 年加拿大自然资源部成立节能办公室，对风能、太阳能、海洋
能、生物能等新能源和可再生资源采取财政补贴、税收减免等激励措施，

使得加拿大能源利用率得到大幅度提高。同时，加拿大政府不断加强生态环境监管，2018 年新增设环境影响评估局，专门负责可能对环境造成影响的重大项目环境评估。此外，加拿大拥有完善的环境审计保障制度，联邦政府出台的《环境保护法》《加拿大水法》《联邦渔业法》《危险物品管理法》等对环境保护、空气和水质量、农林渔牧管理、危险品和废弃物处置等有详细规定，在环保法律的基础上，《审计长法》明确规定了环境审计监督的范畴及环境审计报告要求，为加拿大开展环境审计奠定了基础。小特鲁多政府将贸易与环境作为自由党政府的重要议题，其强调各方应共同参与环境治理。本节梳理了加拿大 2007～2019 年提交的与环境有关的贸易措施，详见附录 D，并总结出以下特征。

1. 使用环境规制条目数最多，未使用与环境有关的关税、配额类措施

如图 4.7 所示，环境规制使用明显主要是由于加拿大拥有健全的环境保护法律法规，联邦政府、省政府、市政府和区政府分别设有环保行政管理部门且享有独立的执法权。不仅联邦政府出台了《加拿大公共土地法》《加拿大航运法》《核安全控制法》等多项环保法律，省级政府也针对各自管辖的行政区域出台了一些环保政策，涉及各个城市的污水、废弃物、垃圾处理等方面。此外，加拿大建立了清晰、明确的环境问责评价体系，通过 10 个评价指标衡量加拿大政府官员的环境管理绩效。《加拿大环境保护法》《联邦问责法案》等多部法律明确规定了环境问责的主体、程序和方式，这为环境问责的贯彻实施提供有力保障。环境规制力度之强还体现在加拿大的环境请愿制度，即公民将其环境诉求通过环境请愿告知政府，并会收到官方回复的一种制度。若环境请愿被接受，部门首长需在 120 天内回复公民环境请愿并在网上公布请愿总结。《加拿大环境保护法》《加拿大环境评价法》还明确规定了公民可以通过写匿名信、打电话、发电子邮件等渠道来表达自身对政府环境政策执行过程中的意见和建议。除环境规制外，措施使用量排名 2～5 位的分别是其他支持措施、其他环境要求、其他措施、政府采购。与环境有关的进出口关税、进出口配额、检疫要求、投资措施和保障措施提交条目数为 0。

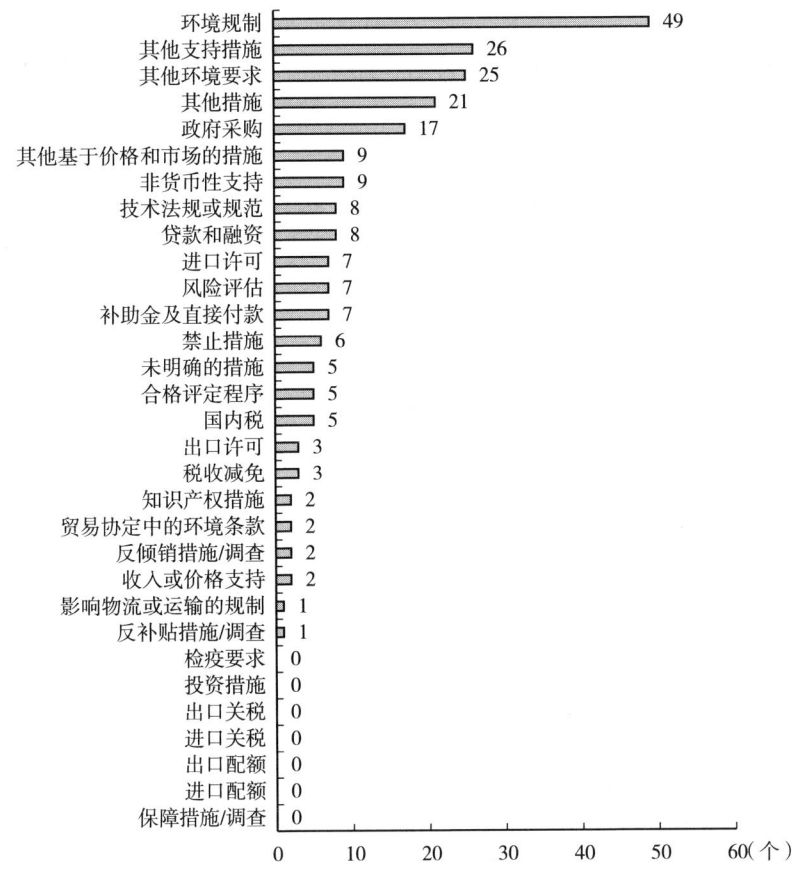

图 4.7 加拿大使用各类与环境有关的贸易措施条目数

资料来源：根据 WTO 官网整理所得。

2. 加拿大与环境有关的贸易措施在行业上呈现出梯队式分布特点

从图 4.8 可以看出，与环境有关的 TPR 可以按行业分为四个梯度。第一梯度为能源业和服务业。这两个行业涉及与环境有关的贸易措施条目数最多，均为 46 个，占整个行业 TPR 条目数的比重均为 20%。能源方面，加拿大既是能源生产国，也是一个人均能源消费量很高的国家。节能减排、清洁能源的开发利用一直是加拿大政府关注的焦点。2007 年以来，加拿大政府陆续启动了"清洁能源科技行动""利用可再生能源发电""利用可再生能源供暖""生物能发展""环保汽车激励"五个计划，以促进环境保护和可持续发展。服务业方面，加拿大环境产业产值一部分源自环境服务，如废物废水处理、水和空气质量检测，一部分来自环境产品，如环保产品和改良设备等。服务业与环境有关的 TPR 主要集中在固体废物管理、废水处理工程和清洁技术开发领域。第二梯度为渔业。加拿大渔业政策制定时分为渔业捕捞和渔业养殖。渔业捕捞方面出台了《本地土著渔业战略》《加拿大东部商业渔业许可证政策》《海湾地区商业渔业许可证政策》等约束性文件保障渔业的可持续发展；渔业养殖方面出台了《水产养殖活动规例》《太平洋水产养殖条例》等政策对养殖活动、养殖设备的利用等进行管理。第三梯度是制造业、未明确的行业、其他行业、矿业、农业、林业。第四梯度是所有产品和化工业，与环境有关的贸易措施数量分别为 4 个、3 个，占整个行业 TPR 条目的 1.70% 和 1.30%。

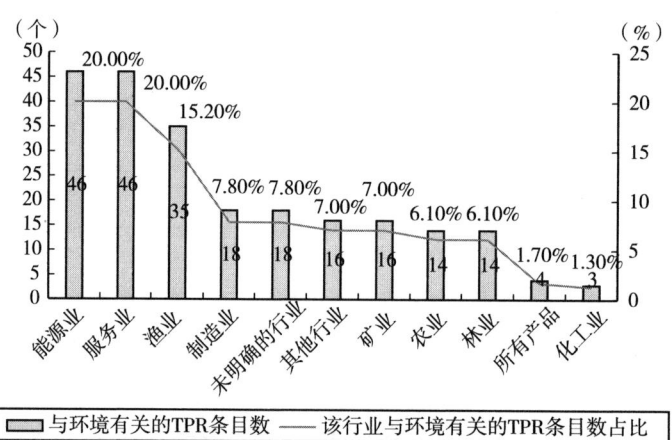

图 4.8 加拿大各行业与环境有关的贸易措施情况

资料来源：根据 WTO 官网整理所得。

3. 从时间上来看，加拿大 2018 年和 2019 年提交的与环境有关的贸易措施条目数量明显多于其他年份

2019 年 6 月 12 ~ 14 日，世贸组织对加拿大进行了第十一次贸易政策审议，其中包含 26 页的加拿大政府政策声明（WT/TPR/G/389）和长达

238 页的加拿大审议秘书处报告（WT/TPR/S/389）。从这两份贸易政策文件中可以看出，2018 年、2019 年加拿大政府明显增加了环境规制、其他支持措施、补助金及直接付款、其他环境要求和政府采购等措施的使用数目，这可能和加拿大在《巴黎协定》框架下做出的承诺有关，即到 2030 年加拿大工业温室气体排放量要比 2005 年的 7.3 亿吨降低 30%。尽管特鲁多政府在气候变化计划上已经花费数十亿美元，但加拿大温室气体排放量自 2015 年后连续三年上扬，因此加拿大仍旧面临不小的环境压力，环境问题迫切需要改善，这也在一定程度上解释了 2018 年、2019 年与环境有关的贸易措施使用条目数出现激增（见图 4.9）。

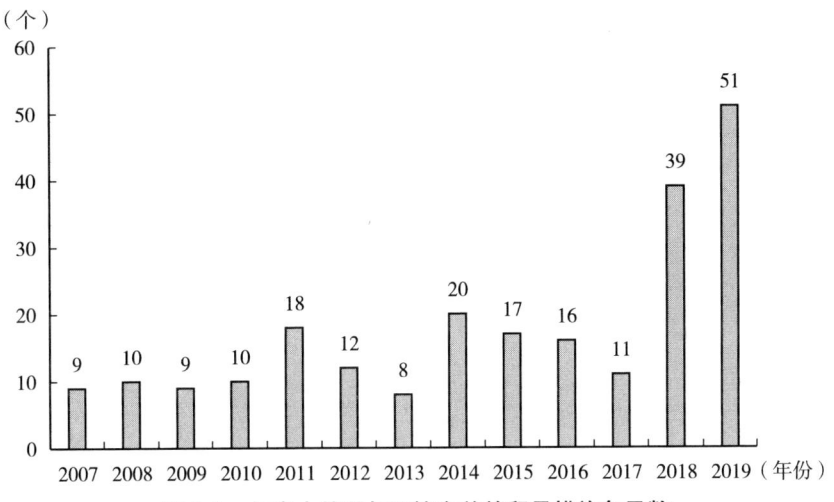

图 4.9　加拿大使用与环境有关的贸易措施条目数

资料来源：根据 WTO 官网整理所得。

4.1.4　日本

第二次世界大战后日本着力恢复和发展经济，忽视环境保护，污染问题日益严重，导致日本以生态公害大国形象闻名于世。强压之下，从 20 世纪 60 年代开始，日本逐步重视环境问题并相继制定了一系列环境政策来实现生态环境治理。进入 21 世纪后，日本环境政策紧跟时代变化，主要体现在四个方面：一是建设循环型社会。日本环境承载能力的不足要求其通过废物的循环利用来减量减容，因此日本坚持循环低碳，依托转型升级发展生态经济。二是支持环境教育的发展。日本环境教育体系既包括了以学校教育为主体的正规教育，也包括了以社会宣传为主体的非正规教育，通过自上而下、长期普及的教育，提升民众的环保意识。三是鼓励环保产业发展。日本通过政府补助、拨款等方式对国内环保型企业给予支持，同时对国外清洁产品等制定较高的进口标准以保护本国环保产业的发展。四是密切关注全球环境问题。2002 年日本正式批准《京都议定书》，共同参与全球环境治理。同时，日本根据全球环境形势不断调整其技术法规和进口许可等措施来管理与环境有关的产品和服务贸易。本节梳理了日本 2007～2018 年提交的与环境有关的贸易措施，详见附录 E，并总结出以下特征。

1. 基于环境要求的措施使用占比高，基于价格和市场的措施使用比例低

从图 4.10 中可以看出，日本使用与环境有关的贸易措施数目前 5 位分别是技术法规或规范（26 个）、补助金及直接付款（20 个）、进口许可（18 个）、禁止措施（17 个）和环境规制（16 个）。其中基于环境要求的措施有三类：技术法规或规范、进口许可、禁止措施，条目数共计 61 个，占所有措施条目数（177 个）的 34.5%。日本的技术法规在全球处于领先地位，《食品卫生法》《电气安全法》《药事法》等对农产品、工业品、食品等诸多进口商品进行了严格管控。出口日本的多数商品不仅要达到国际标准，还需达到日本的技术标准，才可以进入日本市场。例如，《食品卫生法》要求包装食品的材料必须在日本进行相应的测试，达到日本标准后才可以作为食品的包装材料。在进口之前，日本的进口部门会对进口商品的国内生产、消费、需求等进行定向调查以确定该商品是否拥有代表性和适用性，然后再用日本的质量认证或生产工艺的合格评定系统衡量该商品，全部通过后该商品才可以被进口。除此之外，日本还以保护环境和人身健康为由，通过绿色环境标志、绿色包装制度、卫生检疫要求等方面直接或间接地对国外进口商品实行限制或禁止。这解释了为什么技术法规或规范、进口许可、禁止措施、环境规制等措施使用比重高。基于价格和市场的措施使用比例低，其中与环境有关的反补贴措施、反倾销措施、保障措施以及进出口关税使用条目数均为 0。

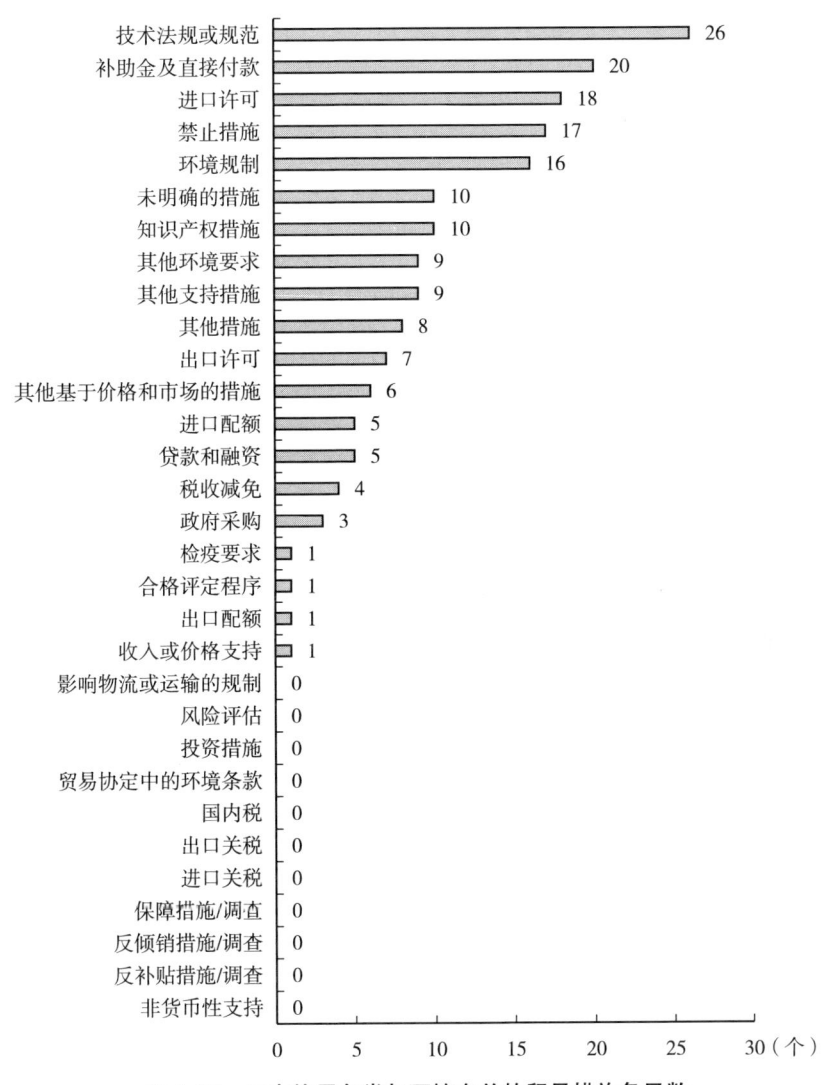

图 4.10 日本使用各类与环境有关的贸易措施条目数

资料来源：根据 WTO 官网整理所得。

2. 日本与环境有关的贸易措施主要集中在渔业、能源业、农业，所有产品、林业、矿业涉及与环境有关的 TPR 条目数少

图 4.11 表明，渔业使用 TPR 条目数为 61 个，占整个行业 TPR 条目数的 34.5%。由于日本是岛国，因此渔业经济扮演着重要角色。日本以《渔业法》为基础，《水产基本法》《海洋水产资源开发促进法》《海洋生物资源保存和管理法》等为补充，形成了完善的渔业法律体系。除了渔业投入控制外，日本还通过渔业权制度和许可证制度实现产出管控。都道府县制定渔业权制度，规定渔业权的渔业对象、生产区域、生产期限等。许可证制度对从事近海和远洋的渔业活动做出规定，渔业许可证通常为 5 年有效期。日本在能源业使用与环境有关的 TPR 条目数为 44 个，占比为 24.9%。日本重视新能源的普及，除了对家用太阳能发电、太阳能利用进行补贴外，还设定抑制碳排放相关的补助金，补贴项目包括促进新能源发电、热利用设备的余热有效利用、新能源投资企业支援、新能源共享系统构建等。对于中小企业等小规模经济主体参与新能源发电设备投资过程中资金筹备困难等问题，日本采取优惠融资制度，即从贷款对象主体、贷款利率和额度上，对中小企业投资风电、雪水等发电设备设定了相对较低的利率和较大的贷款额度。农业上使用的 TPR 条目数为 30 个，位居所有行业第 3 名。日本 2005 年就开始推进农业环境规范，要求农户自觉遵守和环境共存的生产行为。2011 年提出对环境友好型农业直接支付措施，对绿肥作物、有机农业等给予补贴，为环境保护和农业可持续发展奠定了良好基础。同时，日本近些年越发重视良好农业规范（good agricultural practice，GAP）的发展，2016 年新版日本良好农业规范（JGAP）收载了比全球食品安全倡议（GFSI）更广泛的食品安全相关风险管理等内容。日本与在所有产品、林业、矿业上使用与环境有关的 TPR 条目数最少，均为 2 个，均占整个行业 TPR 条目数的 1.1%。

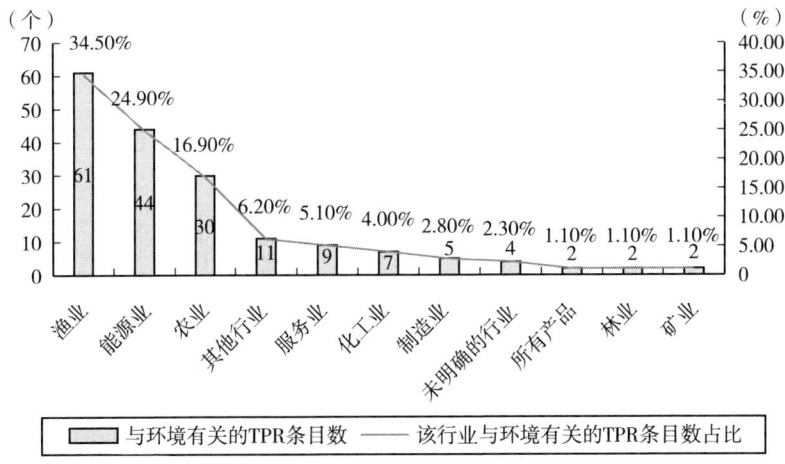

图 4.11　日本各行业涉及与环境有关的贸易措施情况

资料来源：根据 WTO 官网整理所得。

3. 日本与环境有关的贸易措施条目数在不同年份有起伏，但总体来说起伏不大

由图 4.12 可以看出，除 2015 年（27 个）和 2013 年（21 个）外，其余年份提交的与环境有关的贸易措施条目数保持在 10~16 个。由于日本主要通过绿色贸易壁垒（技术规范、绿色环境标志、绿色包装制度、卫生检疫制度等）对国外进口的产品和服务实行限制或禁止，而技术标准、产品质量认证制度、合格评定系统等在一定时期内相对固定，因此整体上日本与环境有关的贸易措施条目数在不同年份差异较小。日本的绿色技术标准、绿色包装制度、质量认证制度根据其生产和技术水平制定，由于日本的技术全球领先，因此很多发展中国家根本达不到日本的标准，对它们而言常年出口限制较高。2013 年与环境有关的 TPR 条目数较多主要是因为日本出台了"新一代汽车充电设备整治推进事业"，对新能源充电设施建设提供补贴及其他支持措施。而 2015 年 TPR 条目数最多是由于日本在能源方面对太阳能发电系统、太阳热利用、抑制碳排放项目进行了大量补助，在农业上又将环保型农业直接支付对策措施进一步发展为促进发挥农业多功能性的措施。

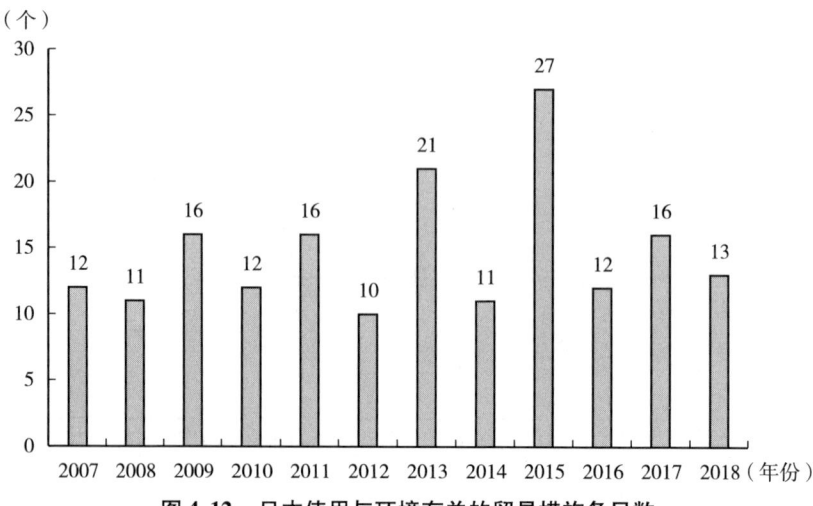

图 4.12　日本使用与环境有关的贸易措施条目数

资料来源：根据 WTO 官网整理所得。

4.2　WTO 主要发达成员与环境有关的贸易措施比较

4.2.1　侧重支持措施、基于环境要求的措施和环境规制

从以上分析来看，欧盟和美国都倾向于使用支持措施，欧盟使用最多的支持措施是补助金及直接付款，而美国使用税收减免的条目数最多，其次是补助金及直接付款。除此之外，欧盟比美国使用了更多的政府采购，而美国在贷款和融资的使用上远超欧盟。两者都使用了其他支持措施。日本侧重使用基于环境要求的措施，如技术法规或规范和禁止措施，而欧盟除了支持措施外也采取了数目较多的技术法规或规范、禁止措施。这是日本和欧盟在措施使用上的共同点，但日本进口许可的使用数量远超欧盟。加拿大使用最多的是环境规制，从支持措施的使用情况看，加拿大的其他支持措施和政府采购使用比例较高，这点与欧盟相似。另外，欧盟、美

国、加拿大、日本都采取了较多的环境规制来实现环境保护和可持续发展。总体来看，WTO 主要发达成员与环境有关的贸易措施集中在支持措施、基于环境要求的措施和环境规制上，而基于价格和市场的措施使用比例较低。

4.2.2　重点关注的行业有差异但也有共性

从措施使用的条目数来看，欧盟和日本最关注的是渔业，这主要是因为欧盟和日本在渔业方面地理位置优越，渔业经济也一直是其农业经济发展的重要方面，两者都有较为全面合理的渔业政策体系。而美国和加拿大重点关注能源业，这是因为这两个国家都是能源消费大国，能源产业甚至关乎国家安全。因此两国在推动能源行业低碳转型、促进可再生能源和清洁能源发展、强化传统能源基础设施建设等方面都采取了相应的措施。农业方面，日本、欧盟和美国都通过加强对农业环境支付，支持了生态农业体系的健全化发展，并将良好农业规范（GAP）作为获取农业环境支付的条件，实现了农业生产的风险管理和污染控制。服务业方面，绿色低碳的理念和实践带动环境服务业持续发展，美国、欧盟、加拿大都具有稳健的环境服务市场，广泛的工业基础和环境、健康方面的管理需求。因此，三者在固体废物管理、污水处理服务、环境监测以及环境影响评价上使用了较多与环境有关的贸易措施。

第 5 章　中国与环境有关的贸易措施实践

在贸易措施条目数排名中，中国是前 5 位中唯一一个发展中成员，提交与环境有关的 TPR 条目数为 335 条，仅次于欧盟。进一步地，本章通过研究发现，中国为实现贸易与环境的协调发展，采取的重点贸易措施为出口退税和环境产品贸易自由化。本章将就中国与环境有关的贸易措施进行详细探讨。

5.1　中国与环境有关的贸易措施现状及特点

随着对外贸易事业的发展，中国也在不断探索和建立与环境有关的贸易保护法律体系，涉及一系列货物种类、贸易生产、环保标准、流通相关的管理规制和法律法规，如《中华人民共和国环境保护法》《中华人民共和国固体废弃物污染防治法》《中华人民共和国清洁生产促进法》等。具体来看，《中华人民共和国对外贸易法》第十六条、第十七条、第二十四条规定禁止或限制生态与环保的货物及技术进出口；《中华人民共和国食品卫生法》《中华人民共和国进出口商品检验法》等明确了中国的环境标志制度以及进出口商品检验检疫规定；《废物进口环境保护管理暂行规定》等禁止不符合中国环境标准的商品进入中国市场；《关于严格控制境外有害废物转移到我国的通知》等对废物进口管理进行了明文规定。总体上中国与环境有关的贸易立法制度正趋于完善，但也面临着国内法规还需细化、环保标准愈发严格等压力。此外，中国还积极参与国际环保公约，如《濒危野生动植物种国际贸易公约》《关于消耗臭氧层物质的蒙特利尔协定书》《全面禁止象牙贸易公约》等。国际贸易中，中国也是多次使用与环境有关的贸易措施，试图在发展对外贸易的同时保护本国的环境资源。本章梳理了中国 2007～2018 年提交的与环境有关的贸易措施，详见附录 F，并归纳出如下特点。

5.1.1　侧重使用支持措施和基于环境要求的措施

图 5.1 表明，中国使用的与环境有关的贸易措施前 5 位分别是税收减免（36 个）、禁止措施（35 个）、补助金及直接付款（33 个）、环境规制（26 个）、技术法规或规范（22 个）。其中税收减免、补助金及直接付款属于支持措施，而禁止措施和技术法规或规范属于基于环境要求的措施。根据 WTO 官方数据，中国通报出来的补贴形式主要是税收减免和拨款，其中涉及一系列环保项目，如民航业节能减排项目、新能源汽车推广利用项目、节能技术改造项目等。为了协调经济发展和环境保护，中国从 2007 年起大量取消和降低了"两高一资"（高能耗、高污染、资源性）产品的出口退税，这在对华贸易政策审议的秘书处报告中有充分体现。中国禁止措施的使用也屡见不鲜，尤其是 2017 年，国务院办公厅印发了《禁止洋垃圾入境　推进固体废物进口管理制度改革实施方案》，将来自生活源的废塑料、未经分拣的废纸、废纺织原料、钒渣等 24 种固体废物从《限制进口类可用作原料的固体废物目录》调整列入《禁止进口固体废物目录》，引起了 WTO 成员的广泛关注。中国的环境标志制度和 ISO 14000 环境管理标准包括了环境审核、环境标志、环境管理体系等焦点问题。《中华人民共和国食品卫生法》《中华人民共和国对外贸易法》《中华人民共和国进出口商品检验法》等法律法规对进出口商品的检验检疫方面也做出了明文规定。

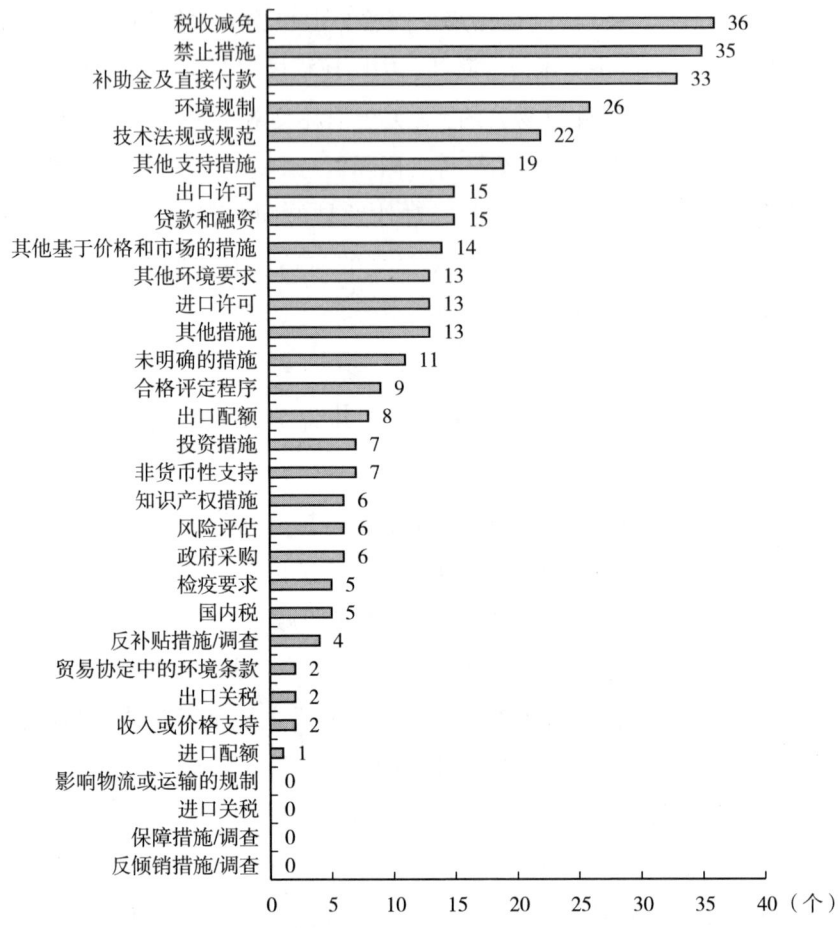

图 5.1　中国使用各类与环境有关的贸易措施条目数

资料来源：根据 WTO 官网整理所得。

5.1.2　重点关注制造业、能源业和农业领域

中国各行业涉及与环境有关的贸易措施情况如图 5.2 所示。

首先，中国是制造业大国，近些年来制造业发展速度快，但由于不少企业环保意识较弱，生产工艺落后，在一定程度上造成了环境污染。制造业生产过程中也常常伴随着空气污染、水污染和固体污染等。因此，中国在制造业上采取了一系列与环境有关的贸易措施，以实现工业的合理布局、清洁生产的推广和环境监管体制的完善。其次，中国是能源消费大国，而煤炭在能源消费中占很大比重，煤炭燃烧对中国生态环境破坏极大，其污染物主要是烟尘和二氧化硫。这也解释了为什么中国在能源行业使用了较多与环境有关的贸易措施，如对新型清洁能源的补贴、对高能耗行业降低和取消出口退税等。农业方面，近些年中国政府为实现农业的可持续发展，对农业环境问题愈发重视，如《2009 年全国测土配方施肥补贴项目实施指导方案》等农业相关法规和标准的制定，对绿色农产品和进行清洁生产的农户给予政府补贴。此外，中国不断完善规范农产品的认证体系，为绿色农产品的生产、认证、销售和国际贸易提供了良好的市场环境。

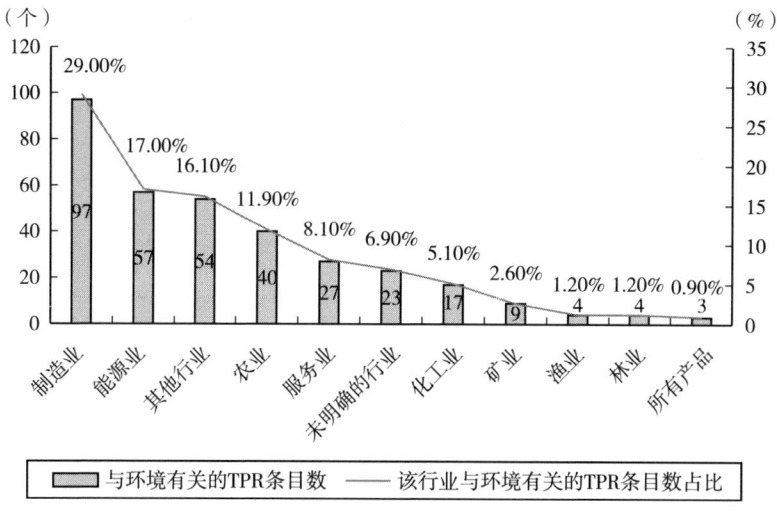

图5.2　中国各行业涉及与环境有关的贸易措施情况

资料来源：根据 WTO 官网整理所得。

5.1.3　贸易措施提交数目呈现先增后减态势

2007～2014 年贸易措施提交数目呈现增加趋势，2014 年后开始下降。2014 年中国使用的与环境有关的贸易措施条目数为 57 个，达到峰值（见

图 5.3）。首先，2014 年《中华人民共和国环境保护法》颁布。作为环保法实施 25 年来的首次大修，新环保法一方面将区域污染、流域污染、土壤污染等突出的环境问题纳入立法内容，另一方面用立法的形式明确最严格的执法手段和政策。同时，新环保法中首次明确地方政府分管领导、环保部门主要负责人应对重大的环境违法事件负责。同年 12 月，《中华人民共和国大气污染防治法》迎来大修，新增了标准规划制定、区域联防联控、重污染天应对三个章节。其次，环保部与 31 省（区、市）签署《大气污染防治目标责任书》，这是中国大气污染防治政策得到落实的关键一步。2014 年 4 月历时 8 年的全国土壤污染状况调查出台，向公众披露了全国性土壤污染情况。再次，2014 年全国多地雾霾严重，而 APEC 会议要于 11 月在北京召开，因此中国采取了强有力的措施。最后，2014 年财政部和国家税务总局联合发布了《关于调整部分产品出口退税率的通知》，共涉及农药产品 481 种，而农药产品直接关乎人类生命健康和环境保护。基于以上因素，2014 年中国与环境有关的贸易措施使用了达到顶峰。

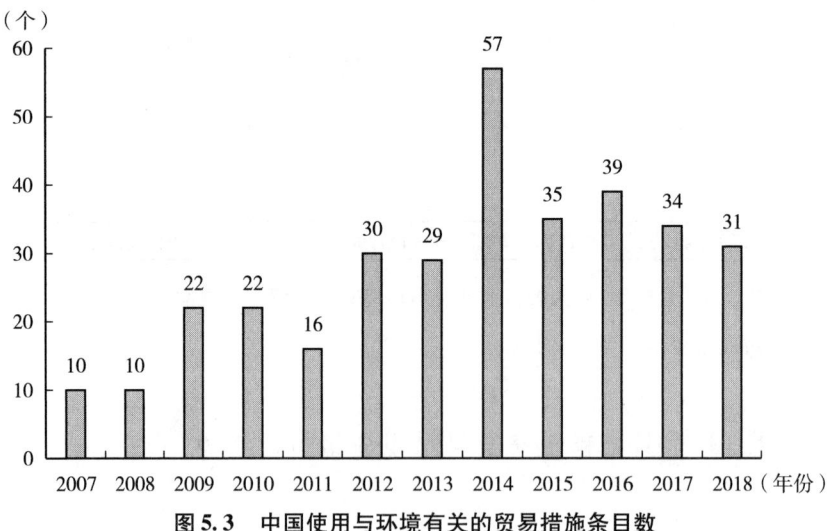

图 5.3　中国使用与环境有关的贸易措施条目数

资料来源：根据 WTO 官网整理所得。

5.2 出口退税措施

5.2.1 出口退税成为与环境有关的重点贸易措施

结合上述分析，2007～2018 年中国使用数目最多的与环境有关的贸易措施是税收减免，在 WTO 环境数据库中共有 36 条记录。接下来，本章对涉及税收减免的贸易政策文件（秘书处报告和政府政策声明）进行进一步分析，发现提及出口退税的文件比例超过半数，出口退税成为税收减免中使用占比最高的贸易措施。例如，WT/TPR/S/342/Rev. 1（S－Ⅲ§108）中声明中国政府于 2016 年降低部分高污染产品的出口退税率。表 5.1 汇总了涉及出口退税的贸易政策文件。可以看出，涉及出口退税的贸易政策文件类型均为秘书处报告，共有 19 条记录。其中，WT/TPR/S/375/Rev. 1 文件共有 5 条记录，WT/TPR/S/342/Rev. 1 文件共有 6 条记录，WT/TPR/S/300/Rev. 1 文件共有 6 条记录，WT/TPR/S/230/Rev. 1 文件共有 2 条记录。涉及行业主要集中在能源业、制造业、服务业和其他行业。

表 5.1 涉及中国出口退税的贸易政策文件情况

文件类型	文件编号	年份	文件参考	涉及行业
秘书处报告	WT/TPR/S/375/Rev. 1	2018	S－Summary §14	能源业、制造业
秘书处报告	WT/TPR/S/375/Rev. 1	2018	S－Ⅲ§83	其他行业
秘书处报告	WT/TPR/S/375/Rev. 1	2018	S－Ⅲ§113	制造业
秘书处报告	WT/TPR/S/375/Rev. 1	2018	S－Table－Ⅲ.14	制造业
秘书处报告	WT/TPR/S/375/Rev. 1	2018	S－Ⅳ§224	服务业
秘书处报告	WT/TPR/S/342/Rev. 1	2016	S－Ⅲ§108	制造业、其他行业
秘书处报告	WT/TPR/S/342/Rev. 1	2016	S－Ⅲ§109	制造业
秘书处报告	WT/TPR/S/342/Rev. 1	2016	S－Table－Ⅲ.12	能源业、服务业

文件类型	文件编号	年份	文件参考	涉及行业
秘书处报告	WT/TPR/S/342/Rev. 1	2016	S - Table - Ⅲ. 14	能源业、制造业
秘书处报告	WT/TPR/S/342/Rev. 1	2016	S - Ⅳ §13	其他行业
秘书处报告	WT/TPR/S/342/Rev. 1	2016	S - Table - A3. 2	能源业、服务业
秘书处报告	WT/TPR/S/300/Rev. 1	2014	S - Table - Ⅱ. 4	能源业
秘书处报告	WT/TPR/S/300/Rev. 1	2014	S - Table - A3. 4	能源业、其他行业
秘书处报告	WT/TPR/S/300/Rev. 1	2014	S - Table - A3. 3	制造业
秘书处报告	WT/TPR/S/300/Rev. 1	2014	S - Table - Ⅲ. 12	能源业、其他行业
秘书处报告	WT/TPR/S/300/Rev. 1	2014	S - Ⅳ §16	其他行业
秘书处报告	WT/TPR/S/300/Rev. 1	2014	S - §118	制造业、能源业
秘书处报告	WT/TPR/S/230/Rev. 1	2010	S - Ⅲ §113	能源业、其他行业
秘书处报告	WT/TPR/S/230/Rev. 1	2010	S - Ⅲ - Table Ⅲ. 6	制造业、能源业

资料来源：根据 WTO 环境数据库（environmental database）整理所得。

5.2.2 出口退税发挥结构调整和环境保护作用

改革开放以来，中国对外贸易出现了快速增长。对外贸易和贸易政策一方面对中国经济发展和社会福利起到了重要提升作用，另一方面也不断影响着中国的生态环境。改革开放初期，为了促进对外贸易，提升贸易额，促进经济发展，中国设立了多个经济特区以进一步提升对外开放水平，这些措施确实取得了令人瞩目的成就，对中国经济发展起到了较好的提振作用。至 20 世纪末，中国已经成为全球重要的贸易国之一，并于2001 年成功加入 WTO。在这一时期，中国总体上采取的是粗放式经济发展模式。事实上，包括中国在内的大部分发展中国家为刺激本国对外贸易发展以及吸引外国企业与资金，所设置的环境标准大多低于发达国家。因此，中国在享受全球化便利的同时，也受到了其带来的环境问题的影响。发达国家的企业在其母国常常面临因环境规制严格导致的高成本问题。因此在贸易合作中，发达国家不断将高污染、高能耗、低技能型企业转移至土地成本、劳动力成本较低且环境规制较为宽松的发展中国家，以减少自身国家的环境污染，提高成本效益。中国当时工业发展落后，环境污染程度低，为了加快内地工业发展、提升对外开放水平，采取了较低的环境标准。在国家贸易行业不断刺激工业发展的同时，环境污染也日趋严重，中国逐渐沦为"污染避难所"。当贸易发展影响环境时，各国将逐步提升贸易环境标准（邢斐和何欢浪，2011）。中国也不例外，近年来不断尝试调整贸易政策以改善生态环境。其中，出口退税政策的调整不容忽视。1985年，国务院批转了财政部《关于对进出口产品征、退产品税或增值税的报告》，其中规定了中国出口退税制度的基本情况，其中包括出口退税条件、出口退税方式、退税主体、退税货物范围等内容，标志着中国开始正式实行出口退税政策。随着经济、环境形势的不断变化，自 1994 年起，中国的出口退税政策经历了 5 次大幅度调整，表 5.2 梳理了具体的调整历程。

表 5.2　　　　　　　　　中国出口退税政策历次调整

时间	调整方式	退税率（%）	调整背景原因	主要调整对象
1995～1996 年	调低	3、6、9	支持外贸、兼顾财政	以农产品为原料加工的工业品和按 17% 的税率征收增值税的其他货物
1998 年	调高	5、13、15、17	应对金融危机冲击，鼓励出口	农产品、纺织原料制品、钢铁、铝、锌、铜等
2004 年	调高、调低、取消	5、8、11、13、17	改变财政拖欠退税款的状况，调整宏观经济结构	提高部分信息技术（IT）产品出口退税率；降低未锻轧铝出口退税率；取消电解铝、铁合金等商品的出口退税
2007～2008 年	调低、取消	5、9、11、13、14、17	控制"两高一资"产品出口，优化出口商品结构，促进产业结构调整	分批调低甚至取消"两高一资"产品的出口退税率；降低纺织、服装等出口退税率；取消 406 个税号的出口退税，包括钢材、建材、有色金属等

时间	调整方式	退税率（%）	调整背景原因	主要调整对象
2018 年	调高、取消	6、9、10、13、16	减轻企业税负，应对贸易战，保证增长	提高机电、文化等产品的出口退税率；维持"两高一资"产品出口退税率；取消豆粕出口退税

资料来源：根据国家税务总局官网整理所得。

1994 年，中国经历了税制改革。为了降低财政压力，抑制通货膨胀，1995～1996 年中国相应地下调了农产品、工业产品、矿产品的出口退税率。然而，到了 1998 年，金融危机对中国经济造成冲击。为促进产品出口、刺激贸易发展，中国上调了钢铁、煤炭、纺织原料制品、铝及部分金属原料的出口退税率，有效提升了中国贸易出口水平。2004 年，中国开始全面实施出口退税新机制，确保"老账还清、新账不欠"，各地国税机关与重点出口企业的沟通、反馈机制也得到进一步完善。如果说这几次调整主要考虑改变财政状况和促进经济发展，那么 2007 年之后的出口退税政策调整则明显考虑到环境保护。

从 2007 年起，为应对高污染型贸易加工产品生产对国内环境的污染，中国分批降低了部分"高污染、高耗能、资源性"（两高一资）产品的出口退税率，同时提升了一些环保和高端制造业及创新型企业有关产品的出口退税率。中国开始试图通过退税政策调整对外贸易产品结构，控制"两高一资"产品的出口，鼓励提高环境友好型企业的贸易出口比重。进一步地，2007 年下半年，为促进经济可持续发展和环境保护目标的实现，抑制资源型、高污染型贸易产业的发展，中央再次调整了出口退税政策。这次调整与之前的出口退税政策相比，具有调整规模大、程度深的特点。其中，"规模大"主要体现在这次调整涉及海关全部商品的 37%，有 553 项"两高一资"商品的出口退税被取消。"程度深"在于这次调整显著降低了中国平均出口退税率，特定"两高一资"产品如部分钢材、化学品的出口退税率下降 11.1%。因此，这次政策调整为本书的研究提供了较好的外生冲击和研究思路。

2007 年出口退税的调整明显限制了"两高一资"产品的出口，国内资源与环境的压力得到缓解。此次调整对转变贸易发展方式、促进节能减排和环境保护有着重要意义。之后中国在 2008 年进一步取消"两高一资"产品的出口退税，在 2018 年对"两高一资"产品的出口退税率维持不变，这表明出口退税已经成为中国重要的绿色贸易措施，被更多地赋予结构调整、贸易平衡和环境保护等职责。

5.3 环境产品贸易自由化措施

5.3.1 中国致力于推动环境产品贸易自由化

《多哈部长宣言》第 31（iii）段提出环境产品和服务（EGS）议题，并明确指出"就酌情削减或取消环境产品的关税和非关税壁垒进行谈判"，以协调贸易和环境的发展。为此，WTO 还专门成立了贸易与环境委员会（Committee on Trade and Environment）来调整贸易和环境的冲突。以相关文件和规定作为基础，环境产品议题谈判于 2001 年开始进行。中国作为WTO 主要成员，始终推动环境产品贸易自由化进程，并将其作为平衡贸易与环境的重要措施。这主要体现在以下三个方面。

首先，上文通过研究中国参与 WTO 贸易政策审议环境审议的情况，总结了中国环境问题清单的重点关注领域，其中环境产品与服务占比达到 20%，居于关注领域的首位。在 WTO 贸易政策文件中也不难看到中国推行环境产品贸易自由化的举措，这在 2014 年的 WT/TPR/S/300/Rev. 1、2016 年的 WT/TPR/S/342/Rev. 1 等多个秘书处报告中均有表述。

其次，中国作为主要发起者、推动者和参与方，全程参与了 WTO

《环境产品协定》（*Environmental Goods Agreement*）谈判并取得了实质性成果。该谈判于 2014 年 7 月开始，共进行了 18 轮，主要围绕环境产品清单的界定和环境产品关税的削减问题。中国推动环境产品贸易自由化的举措在 WTO 其他主要成员如美国的贸易政策文件中也有所体现，如 WT/TPR/S/350 文件：经过同中国、日本、澳大利亚等国的谈判，基于亚太经济合作组织领导人的共识，美国声明于 2015 年底开始将 6 个税目的一般税率降低至 5%。

最后，从中国关注的环境议题和 WTO 其他成员对中国环境议题的关注点中可以看出环境产品议题均榜上有名。环境产品贸易自由化作为实现可持续发展的重要途径，得到了 WTO 和中国的重视。WTO《环境产品协定》谈判是以 APEC 2012 年环境产品清单为基础，而该清单部分环境产品税目尤其是污染管理类产品是由中国提名的。这主要得益于中国在 WTO 和区域组织地位的日益上升以及中国环境产品贸易的迅速发展。

5.3.2　中国积极参与《环境产品协定》谈判

1996 年 OECD 制定了第一份环境产品清单，1998 年亚太经合组织（APEC）制定了 APEC 1998 年环境产品清单，加快了对环境产品的相关研究。2001 年，贸易与环境正式成为多哈回合谈判的新议题，环境产品和服务（EGS）首次作为独立的产品和服务问题子集被纳入谈判进程。然而，由于 WTO 各成员间的利益诉求差异较大，贸易与环境议题始终无法取得实质性进展。但这不影响环境产品问题在全球的热度。在 2012 年 9 月亚太经合组织第二十次领导人非正式会议上，经过各方艰苦的磋商和谈判，终于通过了一份涵盖 54 种产品的环境产品清单，并承诺 2015 年底对清单上所列的环境产品削减关税至 5% 或以下。APEC 2012 年环境产品清单的制定为环境产品贸易自由化带来了新曙光。2014 年 1 月 24 日，中国、欧盟、美国、日本等 14 个 WTO 成员在瑞士达沃斯召开世界经济论坛年会并将环境产品贸易自由化引入新进程。2014 年 7 月，上述 14 个 WTO 成员在日内瓦宣布启动基于 APEC 2012 年环境产品清单的《环境产品协定》（EGA）谈判，旨在通过降低关税和非关税壁垒推动环境产品贸易自由化，实现经济增长和环境保护的共赢。截至 2016 年 12 月 4 日，代表 46 个世贸组织成员的 18 名与会者已进行 18 轮谈判（见表 5.3），寻求取消部分与环境有关的产品的关税。这些产品可以帮助减少空气污染、处理废水废物、监测环境质量、降低噪声污染等。《环境产品协定》谈判参与者的环境产品贸易总额占全球环境产品贸易总额的 90% 以上，而且《环境产品协定》的优惠会按最惠国待遇方式惠及世界贸易组织的所有成员。然而事与愿违，由于环境产品界定方法的不完善、界定标准的分歧、发达国家与发展中国家差异较大的利益诉求、消除关税和非关税壁垒的现实困境等因素，谈判在历经波折后宣布搁置，但中国和其他 WTO 成员为推动环境产品贸易自由化做出的努力有目共睹。

表5.3 中国参与《环境产品协定》（EGA）谈判情况

时间/阶段	参与方	阶段性目标	谈判内容
2014 年 7 月～2015 年 3 月（第 1～5 轮谈判）	中国、欧盟、美国、日本、澳大利亚、加拿大、中国香港、哥斯达黎加、中国台湾、新西兰、挪威、新加坡、韩国、瑞士、以色列、冰岛、土耳其	初步完成环境产品列表提名	讨论谈判的方式和规则、提出或支持一个产品提名清单、澄清特定产品的归类及技术性细节、讨论环境产品类别
2015 年 5 月～2015 年 9 月（第 6～9 轮谈判）	中国、欧盟、美国、日本、澳大利亚、加拿大、中国香港、哥斯达黎加、中国台湾、新西兰、挪威、新加坡、韩国、瑞士、以色列、冰岛、土耳其	对环境产品协定中的产品清单达成共识	完成对产品提名清单的解读、谈判模式由讨论向协调一致转变、标注更加敏感的关税税目、初步形成了涵盖大约 450 个 HS（harmonized system）编码子类的 EGA 草案*

时间/阶段	参与方	阶段性目标	谈判内容
2015 年 10 月~2016 年 4 月（第 10~13 轮谈判）	中国、欧盟、美国、日本、澳大利亚、加拿大、中国香港、哥斯达黎加、中国台湾、新西兰、挪威、新加坡、韩国、瑞士、以色列、冰岛、土耳其	探讨具有共识的最终清单	讨论修改后的环境产品清单、研究解决敏感问题的方法、探讨更集中的产品列表、交换可纳入最终协议的产品清单
2016 年 6 月~2016 年 9 月（第 14~16 轮谈判）	中国、欧盟、美国、日本、澳大利亚、加拿大、中国香港、哥斯达黎加、中国台湾、新西兰、挪威、新加坡、韩国、瑞士、以色列、冰岛、土耳其、列支敦士登	减少分歧，深度探讨 EGA 草案	确定"阶段性出价"的过渡性措施、交换改善后的且覆盖约 300 项税收条目的关税削减清单、G20 杭州峰会明确欢迎谈判达成"着陆区"
2016 年 10 月~2016 年 12 月（第 17~18 轮谈判）	中国、欧盟、美国、日本、澳大利亚、加拿大、中国香港、哥斯达黎加、中国台湾、新西兰、挪威、新加坡、韩国、瑞士、以色列、冰岛、土耳其、列支敦士登	调整"着陆区"列表：取得共识的环境产品和存在差异的环境产品	讨论有争议的环境产品类别和 EGA 文本、详细描述清单中"单列产品"（ex-out）、调整"着陆区"列表

注：* 师华.《环境产品协定》谈判的主要问题与中国应对 [J]. 经济问题，2018（10）：120 - 122.

资料来源：根据 WTO 官网、中华人民共和国商务部官网整理所得。

5.3.3 中国环境产品贸易特点

伴随着世界环境产品贸易的发展，中国也积极参与环境产品贸易自由化进程，不断发展环境产品贸易，开拓国际环境产品市场。尤其是在 2001 年加入 WTO 后，中国的环境产品贸易也步入了增长的新阶段，2014 年中国环境产品的进口量和出口量均名列全球首位。本节归纳了中国环境产品贸易的特点。

1. 贸易规模呈现出扩大趋势

表 5.4 显示了 2002~2017 年中国环境产品贸易情况。可以看出，

2002 年环境产品进出口总额仅为 201.71 亿美元，而 2017 年达到 1725.39
亿美元，16 年间扩大了 8 倍。其中，2013 年贸易规模达到顶峰，之后略
有下降。与此同时，中国环境产品的出口额也在不断攀升，尤以 2003 年、
2004 年增长最为猛烈，增长率分别高达 86.96% 和 82.26%。进口方面，
虽然从 2013 年后环境产品进口额有所下降，但 2017 年进口额实现 907.33
亿美元，比 2002 年 166.29 亿美元的进口额增长了近 5 倍。2011～2014
年，中国环境产品进口额持续维持在 1000 亿美元以上。不过值得注意的
是，虽然中国环境产品进口额在 16 年间呈现上升态势，但进口占比却出
现下降趋势。2002 年进口占比高达 82.44%，2017 年进口占比降至
52.58%。这表明中国环境产品进出口规模在不断调整，出口规模逐步扩
大，环境产品出口势头较好。从净进口角度来看，中国环境产品贸易仍然
以进口为主，贸易一直处于逆差状态。但是自 2015 年起，环境产品贸易
逆差明显缩小，净进口金额减少至 100 亿美元以下。

表 5.4　　　　　　　　2002～2017 年中国环境产品进出口情况

年份	进出口总额 （亿美元）	出口额 （亿美元）	进口额 （亿美元）	进口占比 （%）	出口增长率 （%）	净进口 （亿美元）
2002	201.71	35.42	166.29	82.44	30.01	130.87
2003	359.47	66.22	293.25	81.58	86.96	227.03
2004	597.18	120.69	476.49	79.79	82.26	355.80
2005	748.59	188.39	560.20	74.83	56.09	371.81
2006	889.45	244.43	645.02	72.52	29.75	400.59
2007	1110.62	374.53	736.09	66.28	53.23	361.56
2008	1348.64	534.67	813.97	60.36	42.76	279.30
2009	1177.03	492.88	684.15	58.12	-7.81	191.27
2010	1683.91	754.88	929.03	55.17	53.15	174.15
2011	1878.13	873.67	1004.46	53.48	15.74	130.79
2012	1876.32	847.83	1028.49	54.81	-2.96	180.66
2013	1903.80	856.75	1047.05	55.00	1.05	190.30

年份	进出口总额 （亿美元）	出口额 （亿美元）	进口额 （亿美元）	进口占比 （%）	出口增长率 （%）	净进口 （亿美元）
2014	1895.88	876.37	1019.51	53.78	2.29	143.14
2015	1813.28	881.98	931.30	51.36	0.64	49.32
2016	1643.54	796.73	846.81	51.52	−9.67	50.08
2017	1725.39	818.06	907.33	52.58	2.67	89.27

资料来源：根据 UN Comtrade 2002～2017 年的数据整理计算所得。

2. 贸易结构不平衡

从环境产品出口结构看，各类环境产品的出口额占比也大有不同。根据 APEC 2012 年产品清单，环境产品可分为资源管理类产品、污染管理类产品、清洁技术与产品、环境友好型产品四类。其中资源管理类产品包括 854140（光敏半导体器件）等 15 个产品；污染管理类产品包括 840420（水蒸气或其他蒸汽动力装置的冷凝器）等 21 个产品；清洁技术与产品包括 902680（液体或气体的其他测量或检验仪器）等 17 个产品；环境友好型产品只有 441872（其他多层已拼装的木地板）1 个产品。图 5.4 显示了 2002～2017 年各类环境产品出口额占比变化。可以看出，资源管理类产品的出口比重明显高于其他三类产品，且出口额占比始终保持在 55% 以上。2002 年资源管理类产品的出口额为 19.48 亿美元，到 2011 年出口额增长至 708 亿美元。虽然之后出口比重有所下降，但一直维持在 550 亿美元以上。由于资源管理类产品主要是可再生能源设备，因此可再生能源设备在中国环境产品出口中占据最大比重。污染管理类产品出口比重始终略高于清洁技术与产品。值得注意的是，从 2013 年起，相较于清洁技术与产品，污染管理类产品的出口占比有了明显提升，在 2017 年占比已达到 20%，而清洁技术与产品出口比重增长缓慢，基本维持在 10% 的水平。当下对于环境友好型产品只包括 441872 一项产品，因此其出口额占比始终处于最低位。

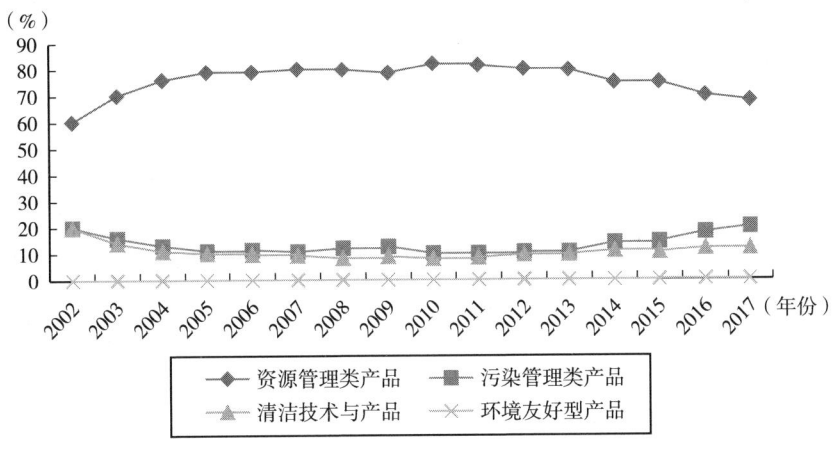

图 5.4 2002～2017 年各类环境产品出口额占比变化

资料来源：根据 UN Comtrade 2002～2017 年的数据整理所得。

环境产品进口结构方面，资源管理类产品进口占比居首位，2002～2017 年所占比重均超过 40%。尤其是 2013 年，该类产品进口额达到700.30 亿美元，之后进口比重有所下降。污染管理类产品进口额虽然由2001 年的 53.20 亿美元增长至 2017 年的 168.12 亿美元，但其进口比重却呈现下降趋势，由 2002 年的 39.7% 下降至 2017 年的 19.8%。这主要是因为其进口额增速低于环境产品进口总额的增速。自 2009 年起，清洁技术与产品进口比重超过污染管理类产品，并持续增长，到 2017 年该类产品的进口占比已接近 30%。由于清洁技术与产品主要涉及环境监测、分析和评价设备，可以看出中国对环境监管的越发加强。另外，国内相关环保技术和设备相对欠缺，还需依赖进口。相比于其他三类产品，环境友好型产品进口比重最小。

3. 贸易市场相对固定

中国环境产品进出口市场主要集中在亚洲、欧洲、北美洲。表 5.5 总结了中国环境产品主要出口国家（地区）占比情况。可以看出，香港地区和欧盟一直是中国环境产品主要的出口地，其次是美国、日本、东盟、韩国等。2002 年，中国对香港地区环境产品出口金额为 8.52 亿美元，出口比重高达 24.05%，远超其他国家和地区。虽然对香港地区出口占比整体出现下降趋势，但 2016 年 18.32% 的出口比重仍然使其成为中国环境产品最大的出口地。欧盟在 2002 年的占比仅为 8.78%，而到 2017 年这一数字增加到 20.34%，在所有国家（地区）中占比最高。除此之外，美国、日本、东盟、韩国的市场份额也较大。中国环境产品最主要的进口市场是亚洲，2002～2017 年占比始终保持在 50% 以上。其中，日本、韩国贡献尤为突出。欧盟和美国也是中国环境产品的主要进口地，在欧盟国家中，德国占比最高。

表 5.5　　　　　　　　中国环境产品主要出口国家（地区）占比　　　　　单位：%

年份	香港地区	欧盟	美国	日本	东盟	韩国
2002	24.05	8.78	14.52	15.52	8.19	5.76
2005	38.99	11.41	8.87	11.85	9.48	4.39
2007	31.16	23.07	10.19	6.72	8.48	4.46
2010	17.78	35.26	8.62	4.65	7.40	4.29
2013	27.35	13.22	9.20	8.45	11.59	5.67
2016	18.32	14.32	11.62	8.45	10.68	5.55
2017	18.04	20.34	10.34	7.78	9.31	5.47

资料来源：根据 UN Comtrade 的数据整理所得。

5.4　本章小结

　　本章通过梳理 2007～2018 年关于中国的贸易政策文件，归纳出中国与环境有关的贸易措施特点：首先，支持类措施如税收减免和基于环境要求的措施如禁止措施使用占比较高；其次，与环境有关的贸易措施主要集中在制造业、能源业，而渔业、林业使用占比较少；最后，中国在 2014 年使用与环境有关的贸易措施条目数显著，且明显高于其他年份。结合上述研究，本章进一步归纳出中国与环境有关的重点贸易措施：出口退税和环境产品贸易自由化措施。自 1994 年起，中国的出口退税政策经历了 5 次大幅度调整。其中，2007 年出口退税的调整明显限制了"两高一资"产品的出口，国内资源与环境的压力得到缓解。此次调整对转变贸易发展方式、促进节能减排和环境保护具有重要意义。中国另一项与环境有关的重点贸易措施是环境产品贸易自由化。从《环境产品协定》谈判中可以看出中国以及其他 WTO 主要成员为推动环境产品贸易自由化所做出的努力。本章总结了中国环境产品贸易的现状和特点：中国环境产品贸易规模先扩大后小幅波动；贸易结构不平衡，进出口均以资源管理类产品为主；贸易市场相对固定，进出口市场主要集中在亚洲、欧洲、北美洲等地区。

第6章 贸易措施对环境影响的理论模型及机制

6.1 贸易措施环境效应的理论基础

6.1.1 环境资源价值理论

经济学将环境视为一种稀缺资源且极具经济价值，主要体现在其直接使用价值、间接使用价值、存在价值和选择价值四个方面。环境的直接使用价值是指它可以为人类提供实际产品和服务。如森林、野生动物、湿地等可以提供木材、鱼等产品和旅游等服务。直接使用价值可以用环境资源所提供的实际产品和服务价值进行估价。环境资源的间接使用价值体现在其对经济发展的支持作用。如濒危动物对保护生物多样性具有间接作用，若濒危动物灭绝，不仅会阻碍一系列物种未来的进化，还会破坏生物群和土壤等基本资源的产出率。间接使用价值最好的估价方法是其对防止环境危害所贡献的效益。环境资源的存在价值是指其存在和维护生态系统的能力所产生的效益。如森林和湿地具备吸收二氧化碳、控制洪水、补给地下水等调节气候和预防自然灾害的能力，若它们遭到破坏，全球气候和生态平衡系统将会恶化，人类要承担相应损失。环境资源的选择价值是指其未来使用效益。如热带森林预计每年将提供今后药物和育种研究所需生物品种的 50%。

出于环境的稀缺性和经济价值,当今社会研究的一个重要方面就是政府通过贸易措施反映其对环境资源的估价,并指导环境资源的利用和配置。例如,GATT 规定,缔约国在不违反"非歧视待遇原则"的基础上,可以结合本国情况,征收以保护环境为目的的进口关税,同时缔约国还可以对高污染、高能耗和资源密集型产品的出口征收出口环境附加税或资源出口税,用于补偿资源消耗。征收进出口关税就是环境资源价值论的体现,税率的不同可以直观地反映环境资源价值的不同。比如,在一些国家,政府补贴影响了农业投入的成本和农产品的实际价格,导致农业生产过剩,加剧了过渡施肥、垦荒和用水带来的环境问题。因此,贸易措施能否合理反映环境资源的价值并实现环境资源的有效配置将是环境经济学的一项重要课题。

6.1.2 外部性理论

阿瑟·庇古于 1920 年在其著作《福利经济学》(*The Economics of Welfare*)中提出了外部性的理论,该理论也成为环境经济学的重要基础。外部性又称溢出效应,是指厂商或个人经济活动中产生的社会成本的部分,而且该部分成本不完全由该行为人承担。外部性分为正外部性和负外部性,正外部性是指某经济主体(包括厂商或个人)的活动带来的社会福利的提高量高于其获得的补偿,负外部性是指某经济主体的活动使他人或社会受损,而该经济主体却没有为此承担成本。环境成本外部化通常是说产品生产和消费的环境成本不是由生产者和消费者承担,而是由他人承担,又未通过市场获得补偿。林区的乱砍滥伐、鱼类的过度捕捞、农业生产过程中化肥和农药的滥用等都是环境成本外部化的例子。环境成本外部化带来的直接后果就是环境污染和破坏。

解决环境成本外部化的关键就在于使外部成本内部化,也就是说在对产品和服务定价时,将它们的环境成本计算在内。应坚持"污染者付费"

原则，由权力机关决定具体措施以鼓励对环境资源的合理利用。自由贸易以李嘉图的比较优势理论为理论基础，通常只包括了产品的生产成本和交易成本，而环境成本内部化还将产品的环境成本考虑在内，这样可以更真实地反映产品的成本。政府可以通过贸易措施引入价格机制使环境成本内部化，如使用税收减免、补助金及直接贷款的方式对环境正外部性的企业进行补贴，对环境负外部性的企业征收排污费。也可以发挥关税的调节作用，对进口环境污染类产品的进口商和出口高能耗产品的出口商征收进口和出口关税，来实现环境保护的目的。

6.1.3 可持续发展理论

经济的快速发展不可避免地带来了严重的环境问题，使人们开始重新思考单纯依靠国民生产总值（GNP）来衡量社会发展水平的合理性。于是，20 世纪 70 年代末，一场"社会指标综合化"运动兴起。在此背景下，1987 年第八次世界环境与发展委员会通过了《我们共同的未来》报告，可持续发展概念被正式提出。该理论将环境和资源提升到了前所未有的高度，并要求各国应共同合作，实现经济和环境的协调发展。

多边环境协定成为保护全球环境和实现可持续发展的最佳形式，而多边环境协议也越来越多地利用贸易条款。具体来说，与环境有关的多边贸易措施可以分为三类：一是保护国内环境的多边贸易措施。如 1990 年《保护和发展加勒比海地区海洋环境公约议定书》要求缔约国对议定书所列物种的贸易实行禁止措施，以维护本国生物多样性。二是保护全球公共环境的多边贸易措施。如 1991 年《南极条约环境保护协定书》禁止向南极出口非当地物种和非当地微生物。三是保护外国环境的多边贸易措施。如 1991 年公约常务委员会要求缔约国禁止与泰国进行受保护物种的贸易。为此，美国宣布禁止从泰国进口有关物种。

除了多边贸易措施外，可持续发展理论强调企业的社会责任。企业的最终目标往往是实现经济效益最大化。在环境效益未能影响企业经济效益的情况下，企业通常缺乏保护环境的主动性。若企业生产过程对环境有负面影响，那么这些商品的贸易会加剧该商品在生产和消费过程中对环境的不利影响，这时候就需要政府对企业不良行为进行规范，引导企业树立社会责任感。一旦政策措施能引导生产和消费向可持续发展方向发展，那么贸易也可以促进这种发展，从而起到环境保护的作用。

6.2 贸易措施影响环境质量的理论模型

毛显强等（2010）提出了贸易措施影响环境的链式反应评价方法（chain reaction assessment method，CRAM），即贸易措施的实施首先影响一国的贸易规模和结构，进而影响一国的生产和消费等经济过程，最终改变了污染物排放和资源利用状况，对资源和环境产生影响。图 6.1 阐释了链式反应评价方法。

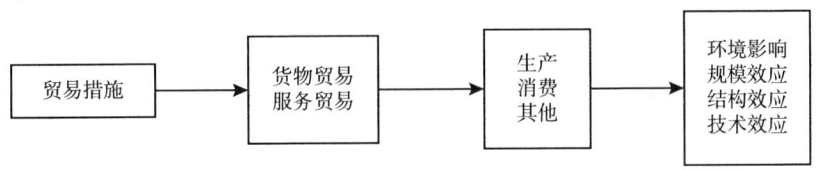

图 6.1 链式反应评价方法

格罗斯曼和克鲁格（Grossman and Krueger，1993）在分析北美自由贸易协议（NAFTA）的贸易环境效应时，提出了贸易可以通过规模效应、结构效应和技术效应对环境产生作用。安特魏勒等（Antweiler et al.，2001）在此基础上构建了贸易与环境的一般均衡模型，进而对规模效应、结构效应、技术效应进行量化。当经济受到贸易措施冲击时，市场的一般均衡价格和数量就会发生变动，达到新的均衡，在这个过程中环境也会受到影响。因此，一般均衡模型可以用于分析贸易措施冲击的环境影响。本节遵循链式反应逻辑，结合安特魏勒等（Antweiler et al.，2001）的一般均衡模型，对贸易措施的环境效应进行理论分析。

6.2.1 模型假设

假设一个开放经济国家，通过投入两种要素资源（资本 K 和劳动 L）生产出最终产品 X 和产品 Y。产品 X 是资本密集型产品，Y 是劳动密集型产品。假设资本密集型产品同时也是污染密集型产品，则在生产 X 的过程中会产生一定的污染，这一现象并不发生在产品 Y 的生产过程中（Antweiler et al.，2001）。同时假设产品 X 和产品 Y 在生产过程中规模报酬都不变，单位产品的成本函数是 $C^X(w, r)$，$C^Y(w, r)$，w、r 分别代表资本和劳动要素价格。

在这个开放经济国家，同一种商品的国内价格和国际价格会因国际贸易壁垒、要素价格不同、距离原料产地远近等因素产生差异。假设国家间存在贸易壁垒，P_x 代表产品 X 的国际价格，μ 代表贸易摩擦系数，P 代表产品 X 相对于世界的国内价格，则 $P = \mu P_x$。如果 $\mu > 1$，则表明产品 X 的国际价格低于国内价格，此时该国考虑从国外进口该产品。如果 $\mu < 1$，表明产品 X 的国际价格高于国内价格，该国则出口该产品。令产品 X 的国内价格为 P，产品 Y 的国内价格为 1，则 P 也代表两种产品的相对价格。

6.2.2 生产者行为

根据前述假设，生产产品 X 过程中会产生污染，我们将污染总量设为 Q。假设污染可以通过投入相同生产要素（用于提升绿色科技或污染治理）的方式减少，那么我们粗略地将企业生产出的部分产品 X 作为减少污染的投入，用 t 表示这一比例。企业减少污染投入越多，t 越大。设生产一单位产品 X 的污染排放量为 e，由于企业减少污染的投入增加会使单位产品的排污量减少，因此 e 是 t 的减函数。若该企业总产出为 z，则该企业的排污总量为：

$$Q = e(t)z \tag{6.1}$$

污染税作为一项贸易措施可以解决环境成本外部化，使企业承担其经济活动带来的环境损失。若政府采用征收污染税 ∂ 的方式对企业减排行为进行控制，那么企业在计算利润时不仅要扣除要素成本、自身减排成本，还需要扣除税收成本。此时企业利润为：

$$\pi^X = P^n z - (wK_X + rL_X) \tag{6.2}$$

其中，$P^n = P(1 - t) - \partial e(t)$，表示产品 X 的净价。对该式两边 t 求导，则可以得出：

$$P = -\partial e'(t) \tag{6.3}$$

由式（6.3）可得，$t = t(\partial/P)$。因此企业单位产出的污染排放量 e 便成为 ∂/P 的函数。由此可见，贸易措施将影响企业的污染排放。在完全竞争市场下，企业可以通过控制总产出 z 和排污投入 t 来实现利润最大化。由 0 利润条件可得：

$$P^n = C^X(w, r); \ 1 = C^Y(w, r) \tag{6.4}$$

同时，均衡时还需要满足充分就业的条件，即：

$$K = C_w^X x + C_w^Y y; \ L = C_r^X x + C_r^Y y \tag{6.5}$$

6.2.3 消费者行为

当环境资源作为公共物品受到损坏，即产生污染或自然资源过度使用时，消费者也会因此受到影响。但是不同消费者对同样的环境问题可能产生不同的反应，即消费者对污染的偏好是有差异的。假设一国存在两类消费者：一类对环境质量要求较高，对环境污染的敏感程度高，我们称之为绿色消费者，用 F^g 表示，g 代表绿色（green）；另一类对环境问题关注较少，对环境污染的敏感程度低，我们称之为棕色消费者，用 F^b 表示，b 代表棕色（brown）。该国总人口 $F = F^g + F^b$，也就是说对污染偏好不同的消费者只有这两类。我们假设消费者拥有同样的商品消费偏好，在给定的污染水平下，一个典型消费者的间接效用函数为：

$$v^i(I, Q) = u(I) - \rho^i Q \quad i = \{b, g\} \tag{6.6}$$

其中，u 代表效用函数，单调递增且为凹函数，I 表示消费者的实际收入，ρ^i 表示第 i 类消费者的污染边际效用，Q 为污染排放量。可以看出，消费者的间接效用不仅与实际收入水平有关，同时也和消费者对污染的偏好以及污染排放量有关。

6.2.4　政府行为

政府可以通过贸易措施影响污染排放，如征收污染税、削减环境产品的关税、降低"两高一资"产品的出口退税率等。假设政府的目标是实现社会福利最大化，而全体消费者的总效用反映了社会福利水平。由于全体消费者 $F = F^g + F^b$，因此这两类消费者效用之和即为一国全体消费者的总效用。与环境有关的贸易措施的制定可以体现出一国更倾向于照顾哪类消费者。设污染税率为 ∂，则政府通过选择 ∂ 使社会福利最大的目标函数为：

$$\max F[\gamma v^g + (1 - \gamma) v^b] \tag{6.7}$$

其中，γ 是一个权重，代表该国政府在实施贸易措施时对绿色消费者的重视程度。γ 越大，表示政府越多地考虑环境因素，因此更倾向于制定较高环境标准的贸易政策。v^g 和 v^b 分别代表绿色消费者和棕色消费者的间接效用。F 为该国消费者的总人数。参考方程（6.6）可以得出式（6.7）最大化的一阶条件：

$$u'(I)\,\mathrm{d}I/\mathrm{d}\partial - [\gamma\rho^g + (1 - \gamma)\rho^b]\mathrm{d}Q/\mathrm{d}\partial = 0 \tag{6.8}$$

我们假设私人部门满足利润最大化的收益为 $R(P^n, K, L)$，那么国民收入为 $G = R(P^n, K, L) + \partial Q$，即国民收入包括私人部门的政府收入，消费者真实收入水平为 $I = (G/F)/\sigma(p)$，$\sigma(p)$ 为价格指数。因此：

$$\mathrm{d}I/\mathrm{d}\partial = 1/F\sigma(p)[R_{Pn}\mathrm{d}p^n/\mathrm{d}\partial + Q + \partial\mathrm{d}Q/\mathrm{d}\partial] \tag{6.9}$$

将式（6.9）代入式（6.8）中，可得 $\partial = F\sigma(p)/u'[\gamma\rho^g + (1 - \gamma)\rho^b]$，污染对于两类消费者来说都是有害的，我们将污染的边际损害记作 $MD^i(p, I) = \rho^i\sigma(p)u'$，则有：

$$\partial = F\left[\gamma\, MD^g(p,\, I) + (1-\gamma)MD^b(p,\, I)\right] \tag{6.10}$$

因此，在制定与环境有关的贸易措施时，可以用消费者总数乘以加权后的两类消费者的污染边际损害之和衡量政策的效果。根据前文，γ 表示政府在制定贸易措施时对绿色消费者的重视程度，这和国家类型 T 有关。我们令 $T = F\left[\gamma\rho^g + (1-\gamma)\right]\rho^b$，则该国有效污染边际损害可以表示为方程（6.11），这说明除了国家类型这个因素外，与环境有关的贸易政策的制定还与收入、价格等因素相关。

$$\partial = T\varphi(p,\, I) \tag{6.11}$$

6.2.5　污染需求曲线和供给曲线

按照前述假设，我们将该开放经济国家的总产出设为 S，S 为产品 X 和 Y 的产出总和。设 β 为产生污染的产品 X 所在行业占整个经济体系的比重，产品 Y 没有产生污染。Q 为该国的污染排放量，则有：

$$Q = e\beta S \tag{6.12}$$

其中，根据前述，e 为生产一单位产品 X 的污染排放量，即污染排放强度。从式（6.12）可以看出，一国的污染排放量取决于污染行业的污染排放强度、污染行业产出占经济总产出的比重，以及总产出，即经济规模。

对式（6.12）求微分可得出污染的需求曲线为：

$$\hat{Q} = \hat{e} + \hat{\beta} + \hat{S} \tag{6.13}$$

其中，$\wedge$ 代表变化的百分比，$\hat{e}$ 代表单位产品污染排放的变化率，度量技术效应。在其他因素保持不变的情况下，若企业积极采用绿色科技，则单位产品的污染排放强度将降低，污染减少，反之，污染排放强度增加，污染也会增加。$\hat{\beta}$ 代表结构效应，即产出中污染产品比例的变化对污染排放量的影响。如果污染排放强度和经济规模维持不变，一国将更多资源用于污染性产品的生产将导致污染的增加。$\hat{S}$ 表示规模效应，若规模报酬不变，在经济体系中产品构成和污染排放强度维持原状，生产规模的扩大将会增加环境污染。

污染的供给很大程度上取决于政府设定的污染价格，而污染价格的表现形式是污染税。由前文可知，污染税的制定和人均收入、国家类型、要素资源价格等相关。根据上述对政府行为的分析，政府设定的污染排放价格应该等于总的边际损失。由于假设该国为开放经济国家，在考虑贸易壁垒的情况下，由 6.2.1 节可知，$P = \mu P_X$，其中 P_X 为产品 X 的世界相对价格，P 为产品 X 的国内价格，μ 代表贸易壁垒的贸易摩擦系数。如果 $\mu > 1$，则表明产品 X 的国际价格低于国内价格，此时该国考虑从国外进口该产品。反之则相反。结合以上分析，考虑到贸易因素后对方程（6.11）进行微分可以得出该国的污染供给曲线方程：

$$d\partial/\partial = dT/T + \varepsilon_{MD,P}d\mu/\mu + \varepsilon_{MD,P}dp_x/p_x + \varepsilon_{MD,I}dI/I \qquad (6.14)$$

其中，I 代表人均收入，T 代表国家类型，$d\mu/\mu$ 代表单位产品 X 的贸易摩擦变化率，ε 代表经济弹性概念。将污染需求曲线和供给曲线联立求解即可得到均衡值。简化的数理模型也可以由此得出。

6.3　机　制　分　析

通过对以往文献进行整理分析，本节归纳出贸易措施可以通过对经济规模的影响、对产业结构的影响、对技术进步的影响三种途径影响环境。在上述理论模型的方程（6.13）中，也可以看出一国的污染情况取决于总产出、污染行业产出在总产出中的比重和污染排放强度，即规模效应、结构效应和技术效应。

6.3.1　规　模　效　应

贸易措施会对贸易活动产生影响，贸易自由化措施进一步推动贸易开放。规模效应（scale effects）是指贸易措施影响贸易和经济活动的规模[1]，

---

[1]　Grossman G. Environmental impacts of a North American free trade agreement [R]. National Bureau of Economic Research, 1991.

从而对环境产生影响。这一点无论在理论上还是现实中都较为合理。绝对优势理论、比较优势理论、对外贸易"发动机"理论等都阐明了贸易对经济规模的影响。从现实角度考虑，中国近些年进出口贸易规模的扩大在拉动国内生产总值（GDP）增长上扮演着重要角色。贸易自由化导致贸易规模和经济规模的扩大，规模经济可以降低单位产出的要素投入，尤其对于资源密集型产品更为显著，从而降低单位产出的污染量。从这个角度出发，规模效应对环境保护具有一定正向效果。但也有一些中外学者例如格罗斯曼等（Grossman et al.，1995）①、张连众等（2003）② 通过研究发现贸易规模的扩大并没有提高自然资源使用率。因此，在生产技术没有进步、环境规制水平没有提高、行业结构维持不变的情况下，经济规模扩大势必会增加生产要素投入，导致自然资源的过度使用，造成自然资源匮乏、生态环境破坏等一系列问题。同时，由贸易规模的扩大带来的生产活动的增加也会导致污染排放量的上升。特别是一些发展中国家为了实现国际贸易带来的经济增长，不惜以环境为代价，生产和出口大量环境污染型产品。

除此之外，规模效应影响环境还体现在贸易活动带来的交通运输的增加上。国际贸易离不开交通运输，贸易规模的扩大促进了运输规模和范围的扩大。但大多数交通运输工具都以矿物燃料为驱动力，如石油、煤炭等。这些矿物燃料在开采过程中常常会带来环境问题，如石油、煤炭的开采会对土壤、空气、水等造成污染。矿物燃料在使用过程中的环境污染也不容小觑。世界银行发布的数据显示，运输部门的二氧化碳排放量占总燃料燃烧产生二氧化碳的近25%，其中不仅包括陆路运输，也包含了海运和空运。鉴于运输业对石油、煤炭、天然气、电力等的大量消耗，许多学者如阿蒂奇（Atici，2012）已经将运输业视为能源密集型行业。因此，在贸易措施通过规模效应影响环境的过程中，运输活动的增加不容忽视。

① Grossman G M, Krueger A B. Economic growth and the environment [J]. Quarterly Journal of Economics, 1995, 110 (2): 357-377.
② 张连众，朱坦，李慕菡，等. 贸易自由化对我国环境污染的影响分析 [J]. 南开经济研究，2003 (3): 3-5.

另外，贸易自由化措施扩大了经济规模，在一定程度上提高了人们的收入水平，随之而来的就是民众对生活环境改善的需求。因此，人们愿意其政府采取更高标准的环境规制来保证环境质量，同时也对绿色、健康食品产生了更多需求。从政府角度考虑，人民收入水平的提升和对生活品质的追求可以使政府在环境保护上投入更多的财力和精力。因此，从这个角度看，规模效应可能有利于环境保护。

根据方程（6.13），可以将污染排放定义为 $\hat{Q} = \hat{e} + \hat{\beta} + \hat{S}$，其中，$\hat{S}$ 表示规模效应。假设污染排放强度不变，τ 为要素禀赋增长因子。根据前文对生产者行为的分析可知，τ 将会受到与环境有关的贸易措施的影响。新的要素投入为（τK，τL），也就是说经济规模随着要素禀赋同比例扩大而增加。我们对 τ 求导，再代入方程（6.13），可以得出：

$$(dQ/d\tau)/Q = (dX/d\tau + dY/d\tau)/S + (d\beta/d\tau)/\beta + (de/d\tau)/e \quad (6.15)$$

其中，S 为经济规模，$S = X + Y$。$\beta = X/S$，即污染行业产出占经济总产出的比重。e 为污染排放强度。X，Y 在（K，L）上是一次同次的（Copeland and Taylor，2004），因此在规模效应和污染监管政策不变的情况下，产出规模随着要素规模的增加而同步增加，即：

$$(dX/d\tau + dY/d\tau)/S = 1/\tau > 0 \quad (6.16)$$

因此，规模效应为正，要素禀赋规模的扩大导致生产规模扩大。X，Y 在（K，L）上的一次同次性意味着 β 不随 τ 的变化而变化，即 $\hat{\beta} = 0$。根据上述假设，污染排放强度不变，即 $\hat{e} = 0$，那么要素禀赋规模的扩张只会引起规模效应，此时污染排放为：

$$\hat{Q} = \hat{S} = 1/\tau > 0 \quad (6.17)$$

如图 6.2 所示，X 为污染行业的产出水平，Y 为清洁行业的产出水平，$Q = eX$ 为污染排放函数，污染排放强度维持在 e_0 这一水平。点 A 为初始产出点，位于净生产可能性曲线上，并且生产者单位净产出价格为 $q = p(1 - \alpha)$，点 A 对应的污染排放量为 Q_a。新的要素投入为（τK，τL），经济规模随着要素禀赋同比例扩大而增加，由于规模经济不变，因此原生产可能性曲线向外同比扩大形成新的生产可能性曲线，所以新的产出点 B

和点 A 处在同一条射线上。此时，污染排放量也由 Q_a 增长至 Q_b，即规模效应。由于 X 与 Y 同比例扩张，结构效应不存在，在污染排放强度不变的情况下，要素禀赋均衡增长所带来的经济规模的扩大将会导致污染的增加。

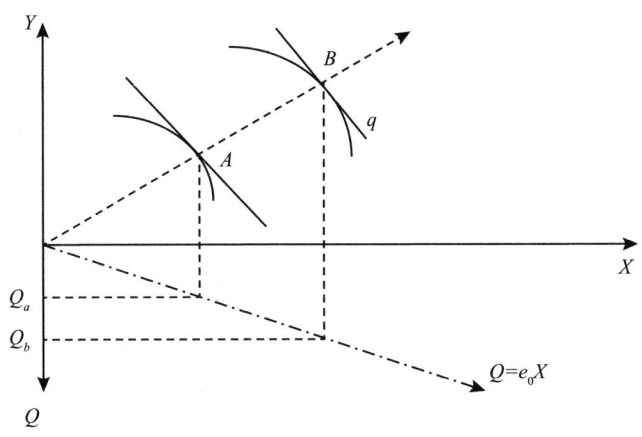

图 6.2　规模效应

资料来源：根据 Copeland B R，Taylor M S. Trade and the Environment：Theory and Evidence ［M］. Princeton：Princeton University Press，2004 整理。

6.3.2　结构效应

结构效应（composition effects）是指贸易措施将会影响国际贸易，从而使一个国家的产业结构按照其比较优势进行调整，不同部门比例发生改变，进而对该国环境产生影响。根据大卫·李嘉图的比较优势（comparative advantage）理论，参与贸易往来的国家倾向于将所有力量集中在其具有比较优势的部门进行生产。若贸易措施可以使污染密集型和资源密集型部门在新的产业结构中产出下降，或者使环境友好型部门产生比较优势，则有利于环境保护。反之，则会加剧环境污染。因此，贸易措施的结构效应对环境的影响具有不确定性。

事实上，结构效应出现积极或消极影响主要取决于要素禀赋理论和污染天堂假说两者谁占据了主导地位。要素禀赋理论决定了一国应专注于生产和出口其要素密集型产品。相对而言，发展中国家拥有更多劳动力资源，而发达国家资本要素更为丰富。因此，发展中国家应生产和出口劳动密集型产品，而发达国家应生产和出口资本密集型产品。一般来说，资本密集型产品的污染特性要大于劳动密集型产品，因此发达国家的污染相较于发展中国家更为严重。

但是，事实上发展中国家的出口多集中在污染密集型行业，贸易自由化措施加剧了发展中国家环境污染。污染密集型行业是指在产品生产过程中会产生大量污染的行业。布塞（Busse，2004）将产品单位产出的"污染治理和控制支出"（PACE）在总成本中所占比重高于 1.8% 的行业确定为污染密集型行业，包括工业化学品行业、非金属矿产业、钢铁行业、纸和纸浆行业、非铁金属行业 5 个行业。现实中发达国家污染密集型产品的生产和出口量小于发展中国家。这主要是因为：首先，相比于发展中国家，发达国家的经济发展水平高，贸易自由化措施倾向于促进发达国家的产业结构向低污染化调整，并且将加快第一、第二产业向第三产业转移①。其次，不少发展中国家环境规制不健全、环境标准较低、劳动力成本相对其他要素成本较低，这就导致了在贸易自由化进程中发达国家将一些高污染产业、能源密集型产业向发展中国家转移，即污染天堂假说。污染行业的转移无疑对发展中国家环境质量带来负面影响，发展中国家实际上成为环境污染的接受国。而发展中国家为了在自由贸易中维持竞争力并实现经济增长可能会进一步降低环境规制的强度，出现"向底线赛跑"（racing to the bottom）现象。

如图 6.3 所示，假设污染排放强度不变且维持在 e_0 的水平上，根据前文，在生产 X 的过程中会产生污染，那么与环境有关的贸易措施在一定程度上会对 X 行业产生影响。由于 X 为资本密集型行业，随着资本的增加，生产可能性曲线在外扩的过程中将更偏向于 X 轴。若生产者价格 $q = p(1 - \alpha)$

---

① 张连众，朱坦，李慕菡，等. 贸易自由化对我国环境污染的影响分析 [J]. 南开经济研究，2003（3）：3 - 5.

维持不变，那么均衡产出将会从 A 移动至 C 点。根据罗伯津斯基定理，C 点的 X 产出高于 A 点，但 Y 产出减少。

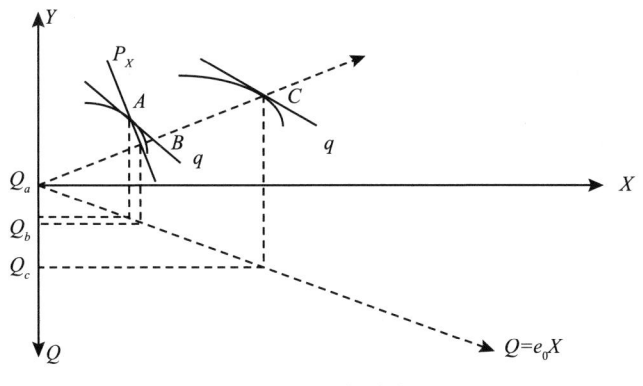

图 6.3　结构效应

资料来源：根据 Copeland B R，Taylor M S. Trade and the Environment：Theory and Evidence［M］. Princeton：Princeton University Press，2004 整理。

直线 P_X 为产品 X 的世界相对价格，根据科普兰和泰勒（Copeland and Taylor，2004），$P_X = q(1-\alpha)$，$0 < \alpha < 1$，P_X 上的点经济规模相同且 P_X 相比生产者曲线更加陡峭。可以看出，在此过程中，规模效应和结构效应同时存在。当点 A 移动到点 B 时，只存在结构效应，即经济规模不变时，由于污染行业 X 的扩大而导致污染排放由 Q_a 增长至 Q_b；当点 B 移动到点 C 时，只存在规模效应，即产出结构不变时，由于经济规模的扩大而导致污染排放由 Q_b 增长至 Q_c。

我们利用方程（6.13）对 K 求导，则：

$$(\mathrm{d}Q/\mathrm{d}K)/Q = (\mathrm{d}X/\mathrm{d}K + \mathrm{d}Y/\mathrm{d}K)/S + (\mathrm{d}\beta/\mathrm{d}K)/\beta + (\mathrm{d}e/\mathrm{d}K)/e$$

$$(6.18)$$

由于污染排放强度不变，即 $\hat{e} = 0$。由罗伯津斯基定理可知，资本积累会使 X 行业扩大而 Y 行业减小，因此 $\mathrm{d}\beta/\mathrm{d}K < 0$，$\beta = X/S = 1/(1 + Y/X)$，此时：

$$(\mathrm{d}\beta/\mathrm{d}K)/\beta > 0$$

$$(6.19)$$

即为结构效应，也就是点 A 到点 B 时引起的 Q_a 到 Q_b 的变化。根据科普兰和泰勒（Copeland and Taylor，2004），$dX/dK + dY/dK = \delta + \alpha dX/dK$，由罗伯津斯基定理可知，$dX/dK > 0$，则：

$$(dX/dK + dY/dK)/S > 0 \tag{6.20}$$

即为规模效应，也就是点 B 到点 C 时引起的 Q_b 到 Q_c 的变化。因此，由资本积累所导致的污染排放增加可以分解为两部分：一部分是由于产出结构变化引起的污染产品产量的相对增加所导致的；另一部分是生产规模扩大带来的污染量的增加。

以上分析及结论只适用于资本要素的增加。根据前文，在生产 X 和 Y 的过程中需要投入资本和劳动力，若劳动力要素禀赋增加引起了产品结构变化，则会推出相反的结论，即劳动力要素增加所引起的规模效应会降低污染物排放量。这是因为，根据罗伯津斯基定理，劳动力要素增加会使清洁行业 Y 比重扩大的同时减小污染行业 X 的产出规模，这也就意味着 X/S 随着劳动力要素的增加而减小，此时 $(d\beta/dL)/\beta < 0$，即结构效应会减少污染排放。

6.3.3 技术效应

技术效应（technique effects）是指由贸易措施带来的技术变革对环境造成的影响。贸易措施影响一国的贸易开放度，对生产率具有显著作用。贸易自由化措施扩大了社会分工和规模经济，同时带来了贸易竞争，而贸易竞争将使生产率更高的企业进入出口市场，从而提高了要素使用率，降低了单位产品污染量，而生产率较低的企业在贸易竞争中逐步被淘汰[1]。此外，随着贸易开放度的加深，国际商品流动越发频繁，贸易自由化措施带来的技术溢出效果也日益显著。各国通过贸易往来加强了技术交流，生产技术随之扩散，其中不仅包括提高生产效率的技术，也包括绿色技术。

---

[1] Melitz M J. The Impact of Trade on Intra-industry Real Locations and Aggregate Industry Productivity [J]. Econometrica, 2003, 71 (6): 1695 – 1725.

绿色技术不仅涉及太阳能、风能以及其他可再生能源的利用，还涉及污染治理技术以及高分子环保材料的广泛应用。利用技术效应优化环境可以推动一国的可持续发展。若生产技术和绿色技术可以通过国际贸易在全球范围扩散，那么技术落后的国家就可以享受到技术的正外部性溢出，这对于落后国家的环境改善甚至全球环境质量的提升都有积极作用。因此，贸易措施的技术效应有利于环境保护。

我们以环境产品贸易自由化措施为例，环境产品贸易自由化意味着环境产品关税降低，有利于企业进口更多环境产品。根据前文，环境产品本身具备环保属性和技术含量，能够对企业的排污控制和能源节约起到积极作用。因此，单位产出的污染排放量会从 e_0 下降至 e_1。这一贸易措施引发的效应如图 6.4 所示。点 A 为经济体系的初始均衡点，在进口环境产品之前污染排放水平为 e_0，对应的污染排放量为 Q_0。环境产品贸易自由化使企业增加了对环境产品的进口，在一定程度上降低了污染排放强度，即由 e_0 下降至 e_1，此时的污染排放曲线向上移动，污染排放量由 Q_0 降低到 Q_1。这一过程即为技术效应。

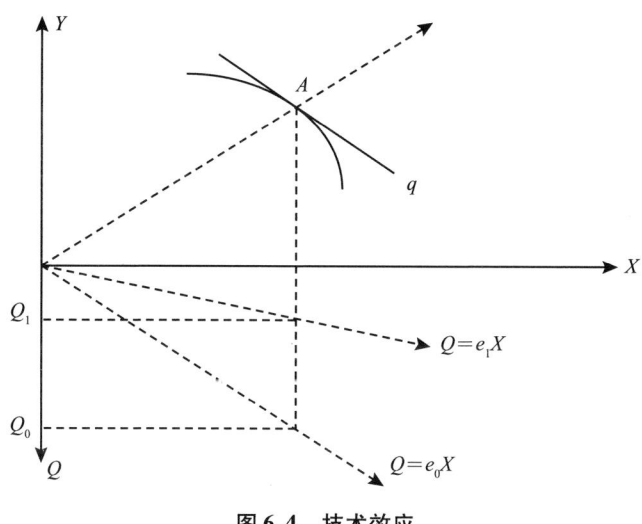

图 6.4　技术效应

资料来源：根据 Copeland B R，Taylor M S. Trade and the Environment：Theory and Evidence ［M］. Princeton：Princeton University Press，2004 整理。

我们将环境产品贸易自由化措施表示为 ϵ，将方程（6.13）对 ϵ 求导，则有：

$$(dQ/d\epsilon)/Q = (dX/d\epsilon + dY/d\epsilon)/S + (d\beta/d\epsilon)/\beta + (de/d\epsilon)/e \quad (6.21)$$

根据科普兰和泰勒（Copeland and Taylor，2004），$e = Q/X = \alpha p/\epsilon$，再将 $\beta = X/S$ 代入方程（6.21），可得技术效应：

$$(de/d\epsilon)/e = -1/\epsilon < 0 \quad (6.22)$$

可以看出，技术效应为负，而且环境产品贸易自由化程度越高，企业进口更多的环境产品，越有利于降低其污染排放量。

6.4　本章小结

本章第一节归纳了贸易措施环境效应的理论基础，即环境资源价值理论、外部性理论和可持续发展理论。第二节参照安特魏勒等（Antweiler et al.，2001）构建的贸易与环境的一般均衡模型，对贸易措施对环境质量影响的效应进行理论分析，进而量化了规模效应、结构效应和技术效应，同时求解在达到均衡状态时的污染需求和供给曲线方程。第三节是贸易措施影响环境的机制分析。贸易措施影响到一国的经济规模、产业结构、技术进步，并间接影响到环境。首先，贸易措施带来的规模经济若可以提高企业生产率，则能够降低单位产品的污染排放；若无法提高生产效率，则会增加生产要素投入，加重环境污染。其次，贸易措施若使一国的清洁产品部门产生比较优势，则对环境保护有正面影响；若该国污染密集型部门具有比较优势，贸易措施则会加剧环境污染。最后，技术效应是指贸易措施促进了绿色技术传播和使用，有利于资源节约和污染治理。

第7章 中国出口退税措施环境效应的实证分析

本章以中国出口退税措施为例，研究与环境有关的贸易措施的环境效应。首先，从前面的研究中可以看出，税收减免在中国使用与环境有关的贸易措施中占据首位。本章继续梳理了 WTO 秘书处报告和中国政府政策声明，发现出口退税使用占比最高。例如 WT/TPR/S/375/Rev.1：中国政府于2018年声明不属于增值税出口退税的产品包括高能耗产品、高污染产品以及资源性产品，还有濒临灭绝的动植物；WT/TPR/S/342/Rev.1：中国政府于2016年声明降低部分高污染产品的出口退税率。其次，前文分析了 WTO 其他成员对中国环境议题的关注点，从其他成员对华贸易政策提出的环境问题清单中可以看出中国的出口退税政策引起了广泛关注。最后，中国"十四五"规划明确表示要加快发展方式绿色转型。在诸多政策工具中，出口退税在促进中国对外贸易中发挥着至关重要的作用，是否可以通过出口退税政策的调整提高贸易出口质量、降低环境污染对推动贸易绿色发展意义重大。

第6章理论部分的结论表明，与环境有关的贸易措施会对环境产生影响，而出口退税是否符合这一结论有待验证。利用上述模型和机制，可以先从理论上分析出口退税措施对环境的影响。设 σ 表示出口退税政策。从规模效应角度看，出口退税通过调整不同产品的出口退税率，使不同行业生产投入规模发生变化，进而影响环境质量。例如，中国自2007年以来分批调低甚至取消了"两高一资"（高能耗、高污染、资源性）产品的出口退税，同时逐步提高高新技术产品的出口退税率，这无疑影响了不同产品的出口规模，进而导致生产规模的变动，从而影响污染物的排放。根据上文，对于企业而言，生产可能性曲线 S 会受到 σ 的影响而发生移动，当生产者价格 $q = p(1-\alpha)$ 不变时，经济系统会产生新的均衡点，此时也会对应新的污染排放，表现为 $(\mathrm{d}X/\mathrm{d}\sigma + \mathrm{d}Y/\mathrm{d}\sigma)/S$，即规模效应增加了企业污染排放。在出口退税影响环境的过程中，对不同产品执行不同的出口退税率，在调整出口商品结构的同时也将改变产业结构。结构效应主要体现在行业层面，本章使用微观企业数据时不予考虑。出口退税的技术效应体现在其对企业技术创新的促进。中国近些年的出口退税调整明显提高了环境标准，这不仅要求企业在生产端改进生产工艺，提高生产使用效率，减少资源浪费，同时也促使企业在污染处理端加大治理投入，完善绿色技术，减轻排污强度。此时，技术效应 $(\mathrm{d}e/\mathrm{d}\sigma)/e = -1/\sigma < 0$，表明技术效应降低了企业污染排放。

本章在理论分析和现有文献的基础上构建计量模型，进而考察出口退税的环境效应。结合第 5 章中国出口退税的政策研究，不难发现，2007 年财政部与税务总局调整了出口退税政策，更改了约 2/3 商品的出口退税率并取消了 553 项 "两高一资" 商品的出口退税。此次政策涉及海关全部商品的 37%，平均出口退税率显著下降，特定 "两高一资" 产品如部分化工制品、部分钢材及贱金属的出口退税率下降了 11.1%。因此，这次出口退税政策调整为本章的计量研究提供了较好的外生冲击和研究思路。

7.1 基准模型设定

本章对中国出口退税政策调整的环境效应进行考察时主要采用的是双重差分法。作为被广泛应用的社会公共政策评估方法，双重差分法可以有效解决经济分析中常见的内生性问题（江永红等，2020），因此近几年常被用于经济政策效果的评估。该方法的设计原理为：假设存在一个群体，分成处理组与对照组，其中受到政策影响的被称为处理组，没有受到政策影响的被称为对照组，通过比较处理组与对照组在政策实施前后变化的差异构成了政策的结果。本章以 2007 年的退税政策调整为依据，通过双重差分法考察了出口退税政策是否有效降低了企业烟尘排放强度，以此说明退税政策调整是否有利于环境保护。式（7.1）是采用倍差法进行估计的模型：

$$\ln SI_{ijkt} = \beta_1 \times Retaxgap_i \times Post_t + \beta_2 \times X_{it} + \gamma_i + \mu_j + \delta_k + \lambda_t + \varepsilon_{ijkt} \qquad (7.1)$$

其中，i 代表企业，j 代表三位数行业，k 代表省份，t 代表年份。被解释变量 $\ln SI_{ijkt}$ 表示企业 i 在 t 年烟尘排放强度对数值，通过烟尘排放量除以工业企业数据库中企业总产值得到。$Retaxgap_i$ 表示企业的出口退税率，用销售值最大的产品在 2007 年前后的出口退税率之差进行衡量。$Post_t$ 表示出口退税政策变化的年份虚拟变量，年份大于等于 2007 年时，$Post_t = 1$，反之 $Post_t = 0$。$Retaxgap_i \times Post_t$ 为计量回归模型的核心解释变量，β_1 是本章感兴趣的估计系数，它衡量了出口退税每降低 1 单位，企业烟尘排放强度变化的百分比。特别地，如果 β_1 显著小于 0，那么说明出口退税率的变化显著降低了企业污染排放。X_{it} 为控制变量，γ_i 为企业固定效应，用以控制企业层面不随时间变化的因素。δ_k 是地区固定效应，用以固定地区层面不随时间变化的因素。μ_j 为三位数行业固定效应，用以控制三位数行业层面不随时间变化的因素。λ_t 为时间固定效应，控制随时间变化但不随个体变化的因素。ε_{ijkt} 为随机误差项。

7.2　数据与变量说明

7.2.1　数据来源

本章研究主要涉及三个数据集：中国工业企业数据库（以下简称"工企数据库"），中国工业企业污染数据库（以下简称"污染数据库"）以及中国企业海关进出口数据库（以下简称"海关数据库"），研究样本的时间区间为 2005～2013 年。

中国工业企业污染数据库作为尚未被学术研究所广泛使用的独特数据集，提供了中国制造业企业的污染排放和环境治理等信息。该数据库中的统计字段涉及企业生产信息、水环境、大气环境等，内容包含了煤炭使用量、工业用水量等资源利用类指标，二氧化硫排放量等污染排放类指标以及氮氧化物去除量等污染治理类指标，为研究贸易政策的环境效应提供了强大的数据支撑。本章被解释变量数据来源为中国工业企业污染数据库。

中国工业企业数据库的样本范围为全部规模以上的"国有企业和非国有企业"，统计企业指标单位为 1000 元，"规模以上"是指年收入 500 万元以上。由于中国工业企业数据库在 2011 年前后对规模以上企业的统计标准存在差异，2011 年之前规模以上企业的界定标准为年销售额大于 500 万元，而 2011 年为 1000 万元。为了保持统一，在样本时间段，本章运用年销售额大于 1000 万元作为规模以上企业的界定标准。中国工业企业数据库中既包括企业的财务信息如固定资产、应收账款、流动负债、累计折旧、主营业务收入、营业费用等，也包括企业的基本信息如企业名称、联系电话、法人代表、邮政编码、所属行业、企业地址、注册时间、注册类型、员工人数等。本章使用的工企数据库是大样本数据，从统计的角度来看大样本降低了估计值的近似误差，从而提高了估计的效率，因此在实证研究中具有明显的优势。

中国企业海关进出口数据库由中国海关总署全国海关信息中心提供，该数据库下八位数 HS 编码是按照《中国海关统计商品目录》编制。由于中国是《商品名称及编码协调制度公约》的缔约方，《中国海关统计商品目录》则是以世界海关组织的协调制度六位数 HS 编码为基础。每年中国海关统计商品目录都会有调整。本章 2005～2006 年数据的产品编码来自 2006 年《中国海关统计商品目录》，对应于 2002 年协调制度编码；2007～2013 年数据的产品编码来自 2013 年《中国海关统计商品目录》，对应于 2007 年协调制度编码。为了使编码全书统一，本章统一调整为 HS2002 协调编码。

由于本章重点考察出口退税的环境效应，因此计量回归模型中的被解释变量是企业污染排放，用企业烟尘排放强度来度量。核心解释变量为是否受出口退税政策调整影响。企业污染排放来自污染数据库，出口退税指标来自国家税务总局官网，其他控制变量则来自工企数据库。不难发现，为使本章研究成为可能，需要将工企数据库、污染数据库以及海关数据库数据进行合并。工企数据库与污染数据库同时报告了根据统一标准设定的企业代码、名称、所在地、电话号码以及邮政编码等企业身份信息，从而为合并这两个数据库提供了可能。具体做法如下：参照韩超等（2020）、聂辉华等（2012）的做法对工企数据库进行处理，在此基础上形成工企面板数据。具体清洗步骤为：首先，删除总收入、就业人数、固定资产、总销售额、研发费用、中间投入品小于 0、固定资产原值小于净值、公司名称为缺失、成立时间有误的无效样本；删除非制造业企业，删除就业人数小于 8 人的企业。其次，采用类似的方法构建污染面板数据，然后再根据企业身份信息所形成的唯一识别码将工企面板数据与污染面板数据合并，形成工企污染面板数据。

由于出口退税政策影响的是出口企业，因此我们只保留了海关数据库中的出口企业。海关数据库中的关税税率是产品层面的，将财政部、税务总局调整出口退税率的商品清单中的代码和海关八位产品编码进行匹配，出口产品退税率的降低需要用 2007 年前后公布的最新税率之差来衡量。如何将产品层面的出口退税率形成企业层面的出口退税率是需要重点考虑的问题。本章参考已有文献，在基准回归中只保留了销售额最大的产品，用其在 2007 年前后的出口退税率之差衡量企业出口退税率调整。之后将拥有多种产品的企业的其他产品的信息删去，形成企业层面的面板数据。在稳健性检验中，企业层面出口退税率的变化则是根据多种产品的出口退税率的变化乘以 2006 年该产品销售额占总销售额的比例进行加权平均。然后，删除每年公司层面的重复观测值，最终形成面板数据。最后，根据企业身份信息所形成的唯一识别码将工企面板数据、污染面板数据和海关层面的数据合并，形成工企、污染、海关面板数据。

7.2.2　变量说明

1. 被解释变量

被解释变量为环境污染程度 $\ln SI_{ijkt}$，选择环境污染指标度量。参考现有文献（沈坤荣等，2017；叶琴等，2018），本章选用企业烟尘排放强度作为衡量企业污染程度的主要指标。通常情况下，企业烟尘排放强度越大，表示环境污染程度越高。

2. 核心解释变量

$Retaxgap_i \times Post_t$ 表示企业 i 的出口退税率降低量。本章使用两种计算方式：一是用销售值最大的产品在 2007 年前后的税率差异计算；二是用企业多种产品出口退税率的变化值乘以 2006 年该产品销售额占总销售额的比例进行加权平均。上述 $Post_t$ 表示出口退税政策调整前后，t 取值为2007 年之前则 $Post_t$ 取值为 0，t 取值为 2007 年及之后则 $Post_t$ 取值为 1。

参考已有文献的做法，本章还加入了下列控制变量：一是企业规模，使用企业总资产的对数来衡量。根据第 6 章理论分析，规模更大的企业容易产生规模效应，从而影响环境，因此有必要对这一因素在计量模型中进行控制。二是企业年龄，使用观测年份减去企业成立年份来衡量。三是资本密集程度，用固定资产净值除以企业职工人数来衡量。四是资产负债率，使用负债总额除以资产总额来衡量。五是是否国有，如果国有则取值为 1，非国有取值为 0。六是各省份是否实施排污收费政策，如果已实施则取值为 1，未实施则取值为 0。排污收费政策可以用来衡量一个地区的环境规制强度，通常情况下，排污收费政策的实施有利于企业改善排污行为。

表 7.1 为主要变量的描述性统计。从样本的基本特征来看，由于本章

样本年份从 2005 年开始到 2013 年，2007 年之前的样本占比较高，达到 82.6%，国有企业占比为 10.8%，本研究所选取的样本平均出口退税率下降了 2.95%，最高下降 13%。

表 7.1 描述性统计

变量名	变量解释	观测值	均值	方差	最小值	最大值
lnsmokedensity	烟尘强度的对数	61904	-7.498	4.267	-18.65	13.73
lnsmokedensity1	烟尘强度的对数	61946	-4.587	4.323	-15.90	14.86
lntreatwater	污水处理强度的对数	63197	10.50	3.065	0	21.02
lnasset	总资产的对数	93415	11.88	1.586	0	19.44
Post	2007 年前后	93420	0.826	0.379	0	1
Retaxgap	出口退税率降低量——最大销售额产品法（%）	93420	2.955	3.912	0	13
Retaxgap1	出口退税率降低量——加权平均法（%）	93406	2.972	3.741	0	13
Staterun	是否国有	93420	0.108	0.311	0	1
lnkl	资本密集程度的对数	92496	4.500	1.468	-10.20	14.72
lnage	企业存活年限	93410	2.286	0.710	0	5.081
LEV	资产负债率	93367	0.551	0.287	-0.891	18.38
Provocatory	省份是否实施排污费政策	93420	0.187	0.390	0	1

7.3 基准回归结果分析

表 7.2 汇报了出口退税政策变化对企业烟尘排放强度影响的基准回归结果。列（1）是只加入时间固定效应、省份固定效应、三位数行业固定效应和公司产品固定效应的回归结果。可以看出，核心解释变量的估计系数为负且在 1% 水平上显著，表明出口退税率的降低对企业烟尘排放强度有显著的负向影响。列（2）至列（6）是在逐步加入控制变量后的回归

结果，可以看出，核心解释变量的估计系数仍然显著为负，表明在考虑一系列控制变量后，出口退税率降低仍然显著减轻了企业烟尘排放强度。这符合理论预期，由此可见，出口退税的降低会对企业的排污行为形成良好的倒逼效果。

表 7.2　　　　　出口退税政策变化对企业烟尘排放强度的影响

变量	（1）lnsmokedensity	（2）lnsmokedensity	（3）lnsmokedensity	（4）lnsmokedensity	（5）lnsmokedensity	（6）lnsmokedensity
$Retaxgap_i \times Post_t$	− 0.0314 *** (0.0098)	− 0.0317 *** (0.0098)	− 0.0266 *** (0.0095)	− 0.0258 *** (0.0095)	− 0.0259 *** (0.0095)	− 0.0263 *** (0.0096)
$Staterun$		0.1915 ** (0.0892)	0.1963 ** (0.0886)	0.1970 ** (0.0888)	0.1949 ** (0.0887)	0.2077 ** (0.0922)
ln$asset$			− 0.6436 *** (0.0450)	− 0.6336 *** (0.0473)	− 0.6361 *** (0.0473)	− 0.6017 *** (0.0511)
lnkl				− 0.0102 (0.0158)	− 0.0094 (0.0158)	− 0.0176 (0.0216)
lnage					0.0637 (0.0569)	0.0304 (0.0610)
LEV						− 0.0539 (0.0666)
$Provincepolicy$						0.2160 *** (0.0591)
时间固定效应	YES	YES	YES	YES	YES	YES
省份固定效应	YES	YES	YES	YES	YES	YES
行业固定效应	YES	YES	YES	YES	YES	YES
公司固定效应	YES	YES	YES	YES	YES	YES
常数项	− 5.5233 *** (0.3820)	− 5.5262 *** (0.3824)	2.2369 *** (0.6574)	2.1535 *** (0.6739)	2.0897 *** (0.6741)	1.4720 * (0.8044)
观测值	61904	61904	61900	61418	61417	40056
R^2	0.7036	0.7037	0.7102	0.7075	0.7075	0.7114

注：括号内数值为纠正了异方差后的 t 统计量；*** 、** 和 * 分别表示在 1% 、5% 和 10% 的水平上显著。

7.4 稳健性检验

第一，本节采取解释变量的另一种衡量方式进行稳健性检验。在基准回归中，本节主要以最大销售额产品的税率变化度量企业的出口退税率调整，在稳健性检验中，本节以企业多种产品的出口退税率的变化值乘以2006 年该产品销售额占总销售额的比例进行加权平均得出企业的出口税率降低值，即 $Retaxgap1$。回归结果见表7.3。列（1）是只加入时间固定效应、省份固定效应、三位数行业固定效应和公司产品固定效应的回归结果，其中核心解释变量的估计系数为负且在1% 的水平上显著，这表明出口退税率的降低对企业烟尘排放强度有显著的负向影响。列（2）至列（6）显示，在逐步加入控制变量后，核心解释变量的估计系数依然显著为负，说明在考虑一系列控制变量后出口退税率的降低仍然显著降低了企业烟尘排放强度。这与前文基准回归的结论一致。

表7.3 　　　出口退税政策变化对企业烟尘排放强度的
影响（变换解释变量的衡量方式）

变量	（1）lnsmokedensity	（2）lnsmokedensity	（3）lnsmokedensity	（4）lnsmokedensity	（5）lnsmokedensity	（6）lnsmokedensity
$Retaxgap1_i \times Post_t$	− 0. 0340 *** (0. 0099)	− 0. 0342 *** (0. 0099)	− 0. 0292 *** (0. 0096)	− 0. 0286 *** (0. 0096)	− 0. 0288 *** (0. 0096)	− 0. 0309 *** (0. 0100)
$Staterun$		0. 1204 (0. 0989)	0. 1150 (0. 0985)	0. 1170 (0. 0987)	0. 1156 (0. 0987)	0. 1323 (0. 1046)
$lnasset$			− 0. 6825 *** (0. 0476)	− 0. 6661 *** (0. 0504)	− 0. 6679 *** (0. 0504)	− 0. 6139 *** (0. 0563)
$lnkl$				− 0. 0178 (0. 0175)	− 0. 0174 (0. 0175)	− 0. 0296 (0. 0237)
$lnage$					0. 0466 (0. 0602)	0. 0102 (0. 0647)

变量	（1）lnsmokedensity	（2）lnsmokedensity	（3）lnsmokedensity	（4）lnsmokedensity	（5）lnsmokedensity	（6）lnsmokedensity
LEV						−0.0715 (0.0664)
Provincepolicy						0.2080 *** (0.0654)
时间固定效应	YES	YES	YES	YES	YES	YES
省份固定效应	YES	YES	YES	YES	YES	YES
行业固定效应	YES	YES	YES	YES	YES	YES
公司固定效应	YES	YES	YES	YES	YES	YES
常数项	−5.3189 *** (0.3793)	−5.3187 *** (0.3797)	2.9096 *** (0.6765)	2.8047 *** (0.6985)	2.7559 *** (0.6977)	1.9781 ** (0.8273)
观测值	61890	61890	61886	61404	61403	40053
R^2	0.7281	0.7282	0.7350	0.7328	0.7328	0.7375

注：括号内数值为纠正了异方差后的 t 统计量；***、** 和 * 分别表示在 1%、5% 和 10% 的水平上显著。

第二，我们采用了被解释变量的另一种衡量方式来进行稳健性检验。在前述实证分析中，计算被解释变量企业烟尘排放强度所用到的产出指标是工业企业数据库中的企业工业总产值。与此相关的一个担心是，工企数据库与污染数据库中的企业工业总产值可能存在差异，而这种差异则可能导致前述主要结论发生改变。事实上，通过比对可以发现，两个数据库中的工业总产值并不完全相同。为缓解这一担心，本节利用企业污染数据库中的工业总产值来计算企业烟尘排放强度，相应的回归结果汇报在表 7.4 中。可以看出，使用企业污染数据库中的企业工业总产值作为产出指标来计算企业烟尘排放强度并不影响基准回归的结论，出口退税率的降低对企业烟尘排放强度仍有显著的负向影响。

表 7.4 　　出口退税政策变化对企业烟尘排放强度的
影响（变换被解释变量的衡量方式）

变量	（1） lnsmokedensity1	（2） lnsmokedensity1	（3） lnsmokedensity1	（4） lnsmokedensity1	（5） lnsmokedensity1	（6） lnsmokedensity1
$Retaxgap_i \times$ $Post_t$	− 0.0215 ** (0.0100)	− 0.0219 ** (0.0100)	− 0.0196 ** (0.0100)	− 0.0184 * (0.0100)	− 0.0184 * (0.0100)	− 0.0196 * (0.0100)
$Staterun$		0.1447 (0.1028)	0.1419 (0.1027)	0.1445 (0.1031)	0.1440 (0.1031)	0.1430 (0.1031)
$lnasset$			− 0.2905 *** (0.0548)	− 0.2685 *** (0.0571)	− 0.2692 *** (0.0573)	− 0.3516 *** (0.0487)
$lnkl$				− 0.0212 (0.0178)	− 0.0211 (0.0178)	− 0.0182 (0.0177)
$lnage$					0.0190 (0.0647)	0.0278 (0.0644)
LEV						− 0.1139 (0.0724)
$Provincepolicy$						0.1098 (0.0686)
时间固定效应	YES	YES	YES	YES	YES	YES
省份固定效应	YES	YES	YES	YES	YES	YES
行业固定效应	YES	YES	YES	YES	YES	YES
公司固定效应	YES	YES	YES	YES	YES	YES
常数项	− 2.0767 *** (0.4262)	− 2.0770 *** (0.4267)	1.4279 * (0.7767)	1.3073 (0.7968)	1.2874 (0.7986)	2.3274 *** (0.7204)
观测值	61932	61932	61927	61268	61267	61248
R^2	0.6941	0.6942	0.6954	0.6917	0.6917	0.6924

　　注：括号内数值为纠正了异方差后的 t 统计量；***、** 和 * 分别表示在 1%、5% 和 10%
的水平上显著。

　　第三，本节更换衡量企业污染程度的指标进行稳健性检验。企业污染
程度指标的度量方式并不唯一，除了烟尘排放强度外，本节采用工业废水
治理强度作为企业污染行为的代理变量（武力超等，2020）。一般而言，

工业废水治理强度越高，企业的污染程度越低。表7.5反映了使用工业废水治理强度衡量企业污染程度的回归结果。可以看出，列（1）至列（6）中核心解释变量的估计系数均为正且在1%的水平上显著，这表明出口退税率的降低显著提高了企业工业废水治理强度，促进了企业污染行为的改善。

表 7.5 出口退税政策变化对企业污染行为的影响

变量	(1)	(2)	(3)	(4)	(5)	(6)
	lntreatwater	lntreatwater	lntreatwater	lntreatwater	lntreatwater	lntreatwater
$Retaxgap_i \times Post_t$	0.0352 *** (0.0116)	0.0353 *** (0.0116)	0.0333 *** (0.0116)	0.0336 *** (0.0117)	0.0332 *** (0.0116)	0.0325 *** (0.0118)
$Staterun$		-0.1507 * (0.0899)	-0.1497 * (0.0900)	-0.1485 (0.0904)	-0.1547 * (0.0902)	-0.1461 (0.0977)
$lnasset$			0.1321 *** (0.0318)	0.1391 *** (0.0337)	0.1316 *** (0.0337)	0.1988 *** (0.0447)
$lnkl$				-0.0120 (0.0166)	-0.0100 (0.0165)	-0.0059 (0.0229)
$lnage$					0.1619 *** (0.0528)	0.1207 ** (0.0590)
LEV						-0.0510 (0.0725)
$Provincepolicy$						0.0792 * (0.0460)
常数项	9.0800 *** (0.3876)	9.0920 *** (0.3881)	7.4679 *** (0.5564)	7.4318 *** (0.5744)	7.2745 *** (0.5711)	6.7760 *** (0.7266)
观测值	63197	63197	63195	62510	62509	39695
R^2	0.0238	0.0239	0.0247	0.0253	0.0259	0.0339

注：括号内数值为纠正了异方差后的 t 统计量；***、** 和 * 分别表示在 1%、5% 和 10% 的水平上显著。

第四，为增强研究结果的可靠性，本节进一步缩短样本时间，只保留 2005～2007 年的样本。表 7.6 的回归结果显示，核心解释变量的估计系数均显著为负，表明出口退税率的降低对企业烟尘排放强度有显著负向影响。这与基准回归的结论一致。

表 7.6　　　　出口退税政策变化对企业烟尘排放强度的影响（缩短样本时间）

变量	（1）	（2）	（3）	（4）	（5）	（6）
	lnsmokedensity	lnsmokedensity	lnsmokedensity	lnsmokedensity	lnsmokedensity	lnsmokedensity
$Retaxgap_i \times Post_t$	− 0.0155 ** (0.0074)	− 0.0155 ** (0.0074)	− 0.0148 ** (0.0074)	− 0.0149 ** (0.0074)	− 0.0149 ** (0.0074)	− 0.0137 * (0.0073)
$Staterun$		− 0.1453 (0.1018)	− 0.1435 (0.1014)	− 0.1434 (0.1015)	− 0.1432 (0.1015)	− 0.1318 (0.1008)
ln$asset$			− 0.3043 *** (0.1169)	− 0.2704 ** (0.1232)	− 0.2728 ** (0.1231)	− 0.0592 (0.0875)
lnkl				− 0.0638 (0.0494)	− 0.0631 (0.0495)	− 0.0598 (0.0488)
lnage					0.0915 (0.0966)	0.0748 (0.0964)
LEV						− 0.0240 (0.1430)
$Provincepolicy$						0.0402 (0.4610)
时间固定效应	YES	YES	YES	YES	YES	YES
行业固定效应	YES	YES	YES	YES	YES	YES
公司固定效应	YES	YES	YES	YES	YES	YES

续表

变量	（1）	（2）	（3）	（4）	（5）	（6）
	lnsmokedensity	lnsmokedensity	lnsmokedensity	lnsmokedensity	lnsmokedensity	lnsmokedensity
常数项	− 4.6470 *** （0.9252）	− 4.6193 *** （0.9204）	− 1.1911 （1.6065）	− 1.2870 （1.6111）	− 1.4261 （1.6113）	− 3.9012 *** （1.3089）
观测值	19361	19361	19360	19360	19360	19352
R^2	0.0134	0.0137	0.0173	0.0175	0.0177	0.0152

注：括号内数值为纠正了异方差后的 t 统计量；*** 、** 和 * 分别表示在 1% 、5% 和 10% 的水平上显著。

7.5 机制检验

通过前文研究发现，出口退税降低的政策会对企业烟尘排放强度产生显著负向影响，但出口退税降低影响企业烟尘排放强度的作用机制值得进一步研究。根据理论分析，出口退税作为与环境有关的贸易措施，可能通过规模效应和技术效应影响环境质量。本节采用巴龙和肯尼（Baron and Kenny，1986）提出的逐步检验法寻找出口退税影响企业污染行为的中介变量。其基本步骤如下：第一，研究主要解释变量与被解释变量的关系，若系数显著，则进行下一步，否则停止检验；第二，识别中介变量与被解释变量的相关性，看其是否存在统计学上显著的相关；第三，将中介变量逐步引入因变量和自变量的基准模型，检验引入中介变量前后基准模型自变量系数的差异是否统计上显著，进一步检验出是否存在中介效应。根据巴龙和肯尼（Baron and Kenny，1986）对中介效应成立的条件设定，本节在 DID 方法的基础上建立三个模型：

$$\ln SI_{ijkt} = a_1 \times Retaxgap_i \times Post_t + a_2 \times X_{it} + \gamma_i + \mu_j + \delta_k + \lambda_t + \varepsilon_{ijkt} \quad (7.2)$$

$$Channel_{ijkt} = b_1 \times Retaxgap_i \times Post_t + b_2 \times X_{it} + \gamma_i + \mu_j + \delta_k + \lambda_t + \varepsilon_{ijkt}$$

$$(7.3)$$

$$\ln SI_{ijkt} = c_1 \times Retaxgap_i \times Post_t + c_2 \times Channel_{ijt} + c_3 \times X_{it} + \gamma_i + \mu_j + \delta_k + \lambda_t + \varepsilon_{ijkt}$$

$$(7.4)$$

其中，$\ln SI_{ijkt}$ 为结果变量，表示 i 企业在 t 年的烟尘排放强度，反映企业环境质量。$Retaxgap_i \times Post_t$ 为核心解释变量，反映企业受到政策影响后出口退税率的变化。中介变量 $Channel_{ijt}$ 包括规模效应和技术效应。为探究中介效应是否存在及其解释力度，本节将中介变量逐步引入，观测交互项的系数变化情况。X 代表是否为国有企业、企业规模、企业年龄等一系列控制变量，具体解释与前文相同。根据巴龙和肯尼（Baron and Kenny，1986）的研究，若 a_1、b_1 和 c_2 同时显著，则 $Channel_{ijt}$ 起到了中介作用，中介效用占总效用的比值可用 $b_1 \times c_2 / a_1$ 表示（罗永明和陈秋红，2020）；若不显著，说明中介效应可能不存在（邓向荣和张嘉明，2018）。

首先，本节将对出口退税政策调整的规模效应进行验证。根据上述理论分析，规模效应主要体现在出口退税率的降低对企业生产经营规模产生影响，进而影响到企业的环境质量。本节参考陈登科（2020）的做法，选取煤炭使用量（$\ln pfcoal$）作为企业生产经营规模的度量指标。一般而言，煤炭使用量越大，企业的生产经营规模越大。表 7.7 显示了选取煤炭使用量作为规模效应衡量指标的回归结果。可以看出，列（1）中 $Retaxgap_i \times Post_t$ 的估计系数并不显著，这表明出口退税政策的调整并未使企业产生规模效应。列（2）中规模效应的估计系数显著为正，说明如果规模效应存在，那么其可以显著增强烟尘排放强度。这与理论推导的结论一致。

表 7.7 　　　　　　　　　**机制检验 I ——规模效应**

变量	（1）	（2）
	规模效应	ln*smokedensity*
$Retaxgap_i \times Post_t$	−0.0036 (0.0054)	−0.0103 (0.0075)
规模效应		0.6752 *** (0.0270)
Staterun	0.0366 (0.0616)	0.0547 (0.0720)

变量	（1）	（2）
	规模效应	ln*smokedensity*
ln*asset*	0.1244 *** (0.0330)	− 0.5242 *** (0.0444)
ln*kl*	− 0.0276 * (0.0162)	0.0269 (0.0257)
ln*age*	0.0915 ** (0.0373)	− 0.0337 (0.0459)
LEV	− 0.0659 (0.0693)	0.1551 * (0.0910)
Provincepolicy	− 0.1474 *** (0.0395)	− 0.1546 *** (0.0515)
时间固定效应	YES	YES
省份固定效应	YES	YES
行业固定效应	YES	YES
公司固定效应	YES	YES
常数项	4.6619 *** (1.0402)	− 3.6912 *** (0.8571)
观测值	36130	34868
R^2	0.0321	0.7501

注：括号内数值为纠正了异方差后的 t 统计量；***、** 和 * 分别表示在 1%、5% 和 10% 的水平上显著。

其次，本节对出口退税政策的技术效应进行验证。根据前文，技术效应通常体现在贸易政策促进了绿色技术的传播和使用，从而对环境改善起到积极作用。本文借鉴邵朝对（2021）的研究，选取工业粉尘去除量（ln*pfdusttreat*）作为绿色技术的衡量指标，即工业粉尘去除量越高，企业越有可能采用了绿色技术。表 7.8 反映了使用工业粉尘去除量作为衡量技术效应的回归结果。可以看出，列（1）中 $Retaxgap_i \times Post_t$ 的估计系数显著为正，表明出口退税政策确实产生了技术效应，而且两者呈正相关关系。列（2）技术效应作为中介变量的估计系数显著为负，同时 $Retaxgap_i \times Post_t$ 作为核心解释变量的估计系数同样显著为负，说明技术效应显著降低了企业烟尘排放强度，对企业的环境改善起到了积极作用。这与理论部分的结论一致。

表 7.8　　　　　　　　机制检验 II——技术效应

变量	（1）	（2）
	技术效应	lnsmokedensity
$Retaxgap_i \times Post_t$	0.0326 ** (0.0162)	− 0.0103 ** (0.0149)
技术效应		− 0.0673 *** (0.0144)
$Staterun$	0.1715 (0.2145)	0.4375 ** (0.2015)
ln$asset$	0.4642 *** (0.1194)	− 0.3034 *** (0.1079)
lnkl	− 0.1234 * (0.0708)	0.0191 (0.0632)
lnage	0.0778 (0.1216)	0.3231 *** (0.1101)
LEV	− 0.1384 (0.2403)	0.2495 (0.2145)
$Provincepolicy$	0.0256 (0.1419)	− 0.5495 *** (0.1297)
时间固定效应	YES	YES
省份固定效应	YES	YES
行业固定效应	YES	YES
公司固定效应	YES	YES

变量	（1）	（2）
	技术效应	ln*smokedensity*
常数项	− 5. 1505 *** （1. 8349）	− 2. 0342 （1. 6172）
观测值	17166	16163
R^2	0. 0533	0. 0406

注：括号内数值为纠正了异方差后的 t 统计量；***、** 和 * 分别表示在 1%、5% 和 10% 的水平上显著。

7.6 拓展性讨论——异质性分析

在基准回归模型的基础上，本节首先按照企业所有制性质分别考察出口退税调整政策对于国有企业和非国有企业的影响。其中，国有企业是由国家出资设立，并由国家对其资本拥有所有权或控制权的企业法人。基于企业所有制异质性的回归结果见表 7.9。可以看出，不管对于国有企业还是非国有企业，核心解释变量 $Retaxgap_i \times Post_t$ 的估计系数均显著为负，在加入一系列控制变量后，该结果仍然稳健。这说明出口退税下降显著减轻了国有企业和非国有企业的烟尘排放强度，对两类企业的环境质量提升均起到正向作用。

表 7.9　　出口退税政策变化对国企和非国企烟尘排放强度的影响

变量	国企			非国企		
	ln*smokedensity*	ln*smokedensity*	ln*smokedensity*	ln*smokedensity*	ln*smokedensity*	ln*smokedensity*
$Retaxgap_i \times Post_t$	− 0. 0463 * （0. 0272）	− 0. 0473 * （0. 0273）	− 0. 0474 * （0. 0270）	− 0. 0350 *** （0. 0110）	− 0. 0274 ** （0. 0107）	− 0. 0281 *** （0. 0107）
ln*asset*		− 0. 2761 ** （0. 1352）	− 0. 2823 ** （0. 1362）		− 0. 7040 ** （0. 0521）	− 0. 6296 *** （0. 0497）

变量	国企			非国企		
	ln*smokedensity*	ln*smokedensity*	ln*smokedensity*	ln*smokedensity*	ln*smokedensity*	ln*smokedensity*
ln*kl*		0.0509 (0.0592)	0.0458 (0.0625)		−0.0269 (0.0182)	−0.0306 * (0.0181)
ln*age*			0.1659 (0.1187)			−0.0120 (0.0725)
LEV			−0.0401 (0.0945)			−0.0086 (0.0840)
Provincepolicy			−0.0055 (0.1641)			0.1516 ** (0.0732)
时间固定效应	YES	YES	YES	YES	YES	YES
省份固定效应	YES	YES	YES	YES	YES	YES
行业固定效应	YES	YES	YES	YES	YES	YES
公司固定效应	YES	YES	YES	YES	YES	YES
常数项	−6.3105 *** (0.7712)	−2.7223 (1.9047)	−3.0519 (1.9686)	−3.4752 *** (0.3409)	4.4387 *** (0.7085)	3.6844 *** (0.6866)
观测值	7301	7242	7237	54589	54162	54147
R^2	0.7550	0.7526	0.7529	0.7273	0.7333	0.7327

注：括号内数值为纠正了异方差后的 t 统计量；*** 、** 和 * 分别表示在 1% 、5% 和 10% 的水平上显著。

其次，出口退税率降低的政策对大规模和小规模企业的影响不同。本节以 2006 年企业工业总产值的中位数为界将样本工业企业划分为大规模企业和小规模企业。表 7.10 的回归结果显示，对于大规模企业，核心解释变量 $Retaxgap_i \times Post_t$ 的估计系数不显著，这表明出口退税率降低的政策对大规模企业烟尘排放强度影响不明显。对于小规模企业，核心解释变量 $Retaxgap_i \times Post_t$ 的估计系数显著为负，说明小规模企业受到出口退税率降低的政策冲击后烟尘排放强度的降低明显。原因可能在于大规模企业较早地转型使用绿色技术进行生产和污染处理，小规模企业的转型生产相对滞后，受出口退税冲击影响之后才开始采用绿色技术。

表 7.10　出口退税率降低政策对大规模企业和小规模企业烟尘排放强度的影响

变量	大规模企业			小规模企业		
	lnsmokedensity	lnsmokedensity	lnsmokedensity	lnsmokedensity	lnsmokedensity	lnsmokedensity
$Retaxgap_i \times Post_t$	−0.0351 (0.0253)	−0.0347 (0.0252)	−0.0358 (0.0269)	−0.0284*** (0.0105)	−0.0221** (0.0103)	−0.0227** (0.0104)
staterun		0.2909 (0.2202)	0.2714 (0.2398)		0.2245** (0.0953)	0.2683*** (0.0990)
lnasset		−0.4337*** (0.1172)	−0.3397** (0.1385)		−0.6175*** (0.0458)	−0.5638*** (0.0545)
lnkl			−0.0724 (0.0631)			−0.0027 (0.0231)
lnage			−0.2364 (0.2021)			0.0241 (0.0673)
LEV			−0.4568 (0.3300)			−0.0244 (0.0681)
Provincepolicy			0.1427 (0.1585)			0.1980*** (0.0660)
时间固定效应	YES	YES	YES	YES	YES	YES
省份固定效应	YES	YES	YES	YES	YES	YES
行业固定效应	YES	YES	YES	YES	YES	YES
公司固定效应	YES	YES	YES	YES	YES	YES
常数项	−5.8776*** (0.6209)	−0.1326 (1.6727)	0.6892 (1.9330)	−5.8171*** (0.4122)	1.3370** (0.6650)	0.4258 (0.8171)
观测值	12900	12900	8442	48999	48995	31614
R^2	0.7368	0.7386	0.7487	0.6991	0.7049	0.7044

注：括号内数值为纠正了异方差后的 t 统计量；***、** 和 * 分别表示在 1%、5% 和 10% 的水平上显著。

7.7 本章小结

本章首先阐释了选择中国出口退税政策进行环境效应研究的必要性，主要考虑以下方面：中国使用出口退税措施的比重及出口退税在 WTO 秘书处报告和中国政府政策声明中出现的频率、WTO 其他成员对中国出口退税的关注、出口退税对中国贸易发展方式绿色转型的作用。尤其是 2007 年，中国分批降低甚至取消了"两高一资"产品的出口退税，调整规模之大、程度之深，为接下来的实证分析提供了较好的外生冲击和研究思路。其次，本章较为系统地探讨了出口退税率降低政策的环境效应。可以看出，出口退税率降低显著降低了中国企业烟尘排放强度，在一系列稳健性检验后该结论依然成立。出口退税率每下降 1 单位，企业烟尘排放强度下降 2.63%。机制检验证明了技术效应的存在，且对环境改善起到正向作用，而规模效应不显著。通过异质性分析可以看出，出口退税下降无论对于国有企业还是非国有企业均显著减轻了其烟尘排放强度。此外，与大规模企业相比，小规模企业在出口退税率下调后烟尘排放强度的降低更为明显。

第8章　中国环境产品贸易自由化
环境效应的实证分析

本章基于中国的视角，选择研究环境产品贸易自由化的环境效应。首先，作为与环境有关的多边贸易措施，环境产品贸易自由化一直是 WTO 主要成员努力推进并试图实现的。虽然 WTO 主要成员对环境议题的关注领域有差异，但环境产品却是这些成员共同关注的焦点。其次，在前文分析的中国环境问题清单关注的领域中，环境产品和服务所占比重最高。作为《环境产品协定》的重要参与者，推动环境产品贸易自由化不仅能体现中国维护多边贸易体制的决心，也能看出中国为全球环境保护所做的贡献。再次，WTO 主要成员的多个贸易政策文件中都提到了环境产品，例如 WT/TPR/S/350 中声明，2012 年，亚太经合组织领导人同意削减某些环境产品的关税。自 2015 年 12 月 31 日起，美国将 6 个税目的一般税率降至 5%。可以看出，环境产品贸易自由化作为实现环境保护的重要措施已得到 WTO 主要成员的认可，而中国也一直将其作为平衡贸易与环境的重点措施。最后，特朗普政府对环境保护的消极态度以及贸易保护主义倾向在一定程度上导致了《环境产品协定》谈判的搁置。而拜登政府环保政策明显积极，《环境产品协定》谈判在 WTO 主要成员的推动下有望重启。因此，研究中国环境产品贸易自由化的环境效应具有重要意义。

结合第 6 章的理论分析，本章将环境产品贸易自由化措施表示为 ϵ，就规模效应而言，环境产品贸易自由化降低了进口成本，使进口国企业扩大了环境产品的进口。但随着企业生产规模的扩大，原生产可能性曲线外扩。根据上述理论分析，在规模效应和技术效应维持不变，即 $\hat{\beta}=0$ 和 $\hat{e}=0$

的条件下，污染排放量 $\hat{Q} = \hat{S} = 1/\epsilon > 0$，因此，规模效应将会增加企业污染排放。结构效应方面，环境产品贸易自由化能否改善一国的环境质量取决于该国清洁部门能否产生比较优势。对于进口企业，结构效应主要体现在环境产品的进口是否改变了企业传统能源和清洁资源的消耗比重。若清洁能源的投入比重增加，则有利于企业环境质量改善；反之，则会加剧企业污染。因此，结构效应是否存在还需验证，而且结构效应对于环境质量的作用具有不确定性。技术效应方面，环境产品贸易自由化能够促使绿色技术和产品在国家间以更低成本的方式扩散。特别对于环境产品净进口国，进口企业更容易获取环境技术，从而提升资源利用率和污染治理能力。由于环境产品包含污染管理类产品、清洁技术和产品、可再生能源设备、环境友好型产品，因此环境产品贸易自由化的技术效应有利于企业减少污染排放。根据前文，此时技术效应 $(de/d\epsilon)/e = -1/\epsilon < 0$。

8.1 基准模型设定

本章在理论基础部分，探究了贸易措施与环境之间的关系，得出初步结论：与环境有关的贸易政策实施将会对环境产生影响。理论分析的结论需要进行严格的计量验证。为了考察中国环境产品贸易自由化的环境效应，本章结合理论分析和现有文献，在企业层面建立普通最小二乘回归的计量模型：

$$Pollution_{ikt} = \beta_0 + \beta_1 environmentimport_{ikt} + \beta_2 Controls_{ikt} + v_i + v_k + v_t + \varepsilon_{ikt}$$

$$(8.1)$$

其中，$Pollution_{ikt}$ 表示 i 企业 t 年污染物的排放量，是本章的被解释变量。目前国际上大多采用污染物排放量作为代理指标度量环境质量，参考现有文献（沈坤荣等，2017；叶琴等，2018），本章在基准回归中用企业烟粉尘排放量作为衡量环境质量的主要指标。$environmentimport_{ikt}$ 表示 i 企业 t 年单位环境产品的进口额，是本章的核心解释变量，用以衡量环境产品贸易自由化程度（温珺等，2017）。$Controls_{ikt}$ 表示一系列的控制变量，包括工业总产值、资产总计、工业废水处理量、工业煤炭消费量、工业销售产值等。v_i 表示企业层面固定效应，v_k 表示行业层面固定效应，v_t 表示时间层面固定效应，ε_{ikt} 为误差项，下标 i、k、t 分别表示企业、行业和时间。

此外，本章选取不同指标对环境质量进行度量，对研究结论进行了稳健性检验，并且本章还基于企业所有制性质和制造业污染异质性进行了分组回归，分别考察环境产品贸易自由化对民营企业、国有企业、外资企业以及高污染行业、非高污染行业的环境影响。最后，本章按照 APEC 2012 年环境产品清单的分类，分别考察了各类环境产品进口的环境效应。

8.2　数据来源与变量说明

8.2.1　数据来源

与本章相关的数据库主要有三个：一是中国工业企业数据库；二是中国企业海关进出口数据库；三是中国绿色发展数据库。本章通过对三个数据库的匹配得到相应的研究数据。

中国工业企业数据库提供了 1998～2013 年规模以上工业企业数据。数据来自国家统计局依据《工业统计报表制度》而进行的工业调查统计。该数据库中的统计字段包含企业基本信息、企业生产与财务信息两大类别，其中企业生产与财务信息包含产业活动、企业生产销售及职工情况、资产负债表、损益表、现金流量表等，企业基本信息包括企业名称、法人代表、联系电话、地址、注册时间、员工人数等。中国工业企业数据库是研究中国产业与发展问题的重要数据集。本章控制变量中涉及微观企业层面的数据来自中国工业企业数据库 2006～2012 年的数据。

中国企业海关进出口数据库提供了 2000～2016 年每年发生进出口的中国企业，数据来自进出口企业提交给海关总署的贸易数据，每年记录在 1000 万条以上。统计字段主要有企业基本信息、HS 商品（8 位码）、收发货地、中转国、产销国、海关口岸、贸易方式、运输方式等，可用于研究中国企业的国际贸易行为。本章企业进出口数据来源为中国企业海关进出口数据库。

中国绿色发展数据库提供了 1998～2012 年中国工业企业的排放排污和环境治理等信息，数据来自原中国环保部。该数据库中的统计字段主要有企业基本信息、生产信息、水环境、大气环境，内容涵盖了资源利用类指标（工业用水量、煤炭消费量）、污染排放类指标（工业废水排放量、二氧化硫排放量）、污染治理类指标（废水治理设施数、氮氧化物去除量）等数十项指标信息，对于研究中国环境治理、产业结构升级具有重要基础性意义，目前被研究公司环境治理的学者广泛使用。

由于同一企业在中国工业企业数据和海关进出口数据中的税号有所不同，而且部分企业在两套数据中并未报告企业名称、电话号码、法人信息等企业特定信息，因此使用两者在数据库中的编码进行直接合并可能存在匹配偏差。为了更多地合并两个数据库中的企业，本章在借鉴田巍和余淼杰（2013）的基础上，分两个步骤将两个数据库进行合并。第一步，本章直接使用企业名称和数据年份两个变量对两个数据库中的企业进行配置；第二步，企业所在地的邮政编码和企业电话号码可以用于企业识别，所以我们使用企业所在地邮编和企业电话号码的后七位作为关键信息，对第一步没有合并上的企业再次进行匹配。一般情况下企业在相同邮政编码下使用同一个电话号码，但电话号码的位数可能由于地区不同而存在差异，部分城市在 7 位电话号码的基础上增加到 8 位，本章选择 7 位电话号码进行合并，并最终形成工业企业、海关数据库。

在匹配工业企业、海关、绿色发展数据库时，本章借鉴韩超等（2020）、吕越和张昊天（2021）的匹配方法。首先，按照企业代码对两数据库进行匹配，对于未匹配上的数据集使用企业名称进行匹配。其次，利用上述中国工业企业数据库和海关数据库的数据提取方法，分别提取两数据库企业名称中的关键信息并利用企业所在地信息进行匹配。此外，在以上匹配的基础上，本章参照聂辉华等（2012）的做法，剔除了销售额、总资产或固定资产净值、职工人数缺失的观测值，职工人数少于 8 人的观测值，以及总资产小于流动资产、总资产小于固定资产净值、累计折旧小于当期折旧的观测值，销售额和工业总产值低于 500 万元的观测值。最后，本章还剔除了污染物缺失的观测值，最终形成工业企业、海关、绿色发展面板数据。

8.2.2 变量说明

1. 被解释变量

被解释变量为环境污染程度 $Pollution_{ikt}$，选择环境污染指标衡量。由于当前环境污染的主要来源为工业生产，参考现有研究（沈坤荣等，2017；叶琴等，2018），本章选用企业烟粉尘排放量作为衡量企业污染程度的主要指标。一般而言，企业烟粉尘量越多，说明环境污染越严重。

2. 核心解释变量

$environmentimport_{ikt}$ 作为核心解释变量，表示 i 企业 t 年单位环境产品的进口额。关于贸易自由化程度的衡量，现有文献通常采用以下指标：一是关税削减，即产品或投入品关税税率的变动量（毛其淋等，2013）；二是贸易开放度，即进出口贸易额占总产值的比重（Cole，2004）；三是进口渗透率，即进口额占产值的比重（余淼杰，2010）。由于《环境产品协定》谈判暂时搁浅，中国的环境产品关税税率变动不大，因此第一种方法并不适用。后两种方法尽管常用，但 APEC 2012 年清单中的环境产品以 54 种 HS 6 位编码列出，对应的各类产品国内产值获取难度较大。由于第三种方法涉及环境产品进口额，同时考虑到环境产品关税削减直接影响到企业进口行为，因此在数据可获性的基础上，本章选用环境产品进口额来度量贸易自由化程度。根据上述理论模型和机制，环境产品进口额的增加有利于企业环境质量的提高，并且在这一过程中技术效应发挥了环境正效益性。

3. 控制变量

$Controls_{ikt}$ 表示一系列的控制变量。其中包括：工业总产值（反映一定时期内工业生产的总规模和总水平）、企业利润总额（一般由销售利润和营业外收支净额两部分构成）、企业资产总计（即企业拥有或控制的全部资产）、工业废水处理量（即各种废水处理设施实际处理的工业废水量）、工业销售产值（是以货币形式表现的工业企业在一定时期内销售的本企业生产的工业产品或提供工业性劳务活动的价值总量）、工业煤炭消费量（通常情况下，工业煤炭消费量与企业污染程度正相关，即工业煤炭消费量越大，企业污染程度越高）。所有变量的描述性统计见表8.1。

表8.1 变量的描述性统计

变量	观测值	均值	标准差	最小值	最大值
工业总产值	85623	749983	$3.905e+06$	0	$2.194e+08$
工业销售产值	85628	788460	$1.607e+07$	0	$4.565e+09$
资产总计	101377	672172	$3.701e+06$	0	$2.813e+08$
运营成本	24676	118964	$1.671e+06$	0	$1.880e+08$
利润总额	85944	50385	923065	$-7.626e+06$	$1.353e+08$
工业废水处理量	101384	974028	$1.945e+07$	0	$1.582e+09$
工业煤炭消费量	82876	16552	221626	0	$1.915e+07$
烟粉尘排放量	101382	65864	825261	0	$1.205e+08$
单位环境产品进口额	101386	1711	45566	0	$4.473e+06$

8.3 基准回归结果分析

基准回归考察了企业环境产品进口额对企业烟粉尘排放量的影响。列（1）是没有加入年份固定效应、行业固定效应和企业固定效应的回归结果。列（2）加入了年份固定效应。列（3）加入了年份固定效应和行业固定效应。列（4）是在加入年份固定效应、行业固定效应和企业固定效应基础上的回归结果。从表 8.2 中可以看出，企业环境产品进口额的系数均为负且在 1% 水平上显著，说明企业单位环境产品进口额的增加会导致企业烟粉尘排放量的减少。这与理论预期是一致的，原因可能如下：一方面，环境产品中包含污染管理类产品和资源管理类产品，对企业的排污控制和能源节约有积极作用；另一方面，环境产品中的清洁技术与产品在一定程度上可以促使企业采用绿色技术，从而降低污染物的排放量。此外，工业煤炭消费量的系数在列（1）至列（4）均显著为正，表明随着工业煤炭消费量的增加，企业烟粉尘排放量也在增加，环境污染程度加剧。

表 8.2　　　企业环境产品进口额对企业烟粉尘排放量的总体效应

指标	（1）	（2）	（3）	（4）
单位环境产品进口额	−0.7130 *** （−9.8010）	−0.7151 *** （−9.8313）	−0.6770 *** （−9.3344）	−0.8100 *** （−7.3071）
工业总产值	0.0306 *** （21.8629）	0.0306 *** （21.8505）	0.0299 *** （21.2704）	−0.1349 *** （−9.6212）
利润总额	−0.0332 *** （−7.5792）	−0.0334 *** （−7.6190）	−0.0302 *** （−6.8009）	−0.0275 *** （−4.7324）
资产总计	0.0166 *** （11.1259）	0.0168 *** （11.2366）	0.0176 *** （11.5981）	0.0014 （0.7362）
工业废水处理量	0.0010 *** （6.6265）	0.0010 *** （6.5812）	0.0008 *** （5.6858）	−0.0015 *** （−9.1839）
工业销售产值	0.0000 （0.1066）	0.0000 （0.1023）	0.0000 （0.1692）	0.1688 *** （12.0684）
工业煤炭消费量	2.0735 *** （113.1087）	2.0731 *** （113.1110）	2.0562 *** （107.2822）	2.0257 *** （57.6337）

续表

指标	（1）	（2）	（3）	（4）
Constant	40525.5508 *** （9.3495）	56389.0391 *** （10.1534）	-5854.7266 （-0.0082）	25512.4980 （0.1039）
年份固定效应	NO	YES	YES	YES
行业固定效应	NO	NO	YES	YES
企业固定效应	NO	NO	NO	YES
Observations	67424	67424	67424	67424
Number of code	29025	29025	29025	29025

注：括号内数值为纠正了异方差后的 t 统计量；*** 、** 和 * 分别表示在 1%、5% 和 10% 的水平上显著。

8.4 稳健性检验

环境质量的度量指标不仅局限于烟粉尘排放量，根据现有研究（陈登科，2020），二氧化硫排放量也经常作为衡量环境质量的主要指标之一。为了验证结果的稳定性，本节采用被解释变量的另一种衡量方式来进行稳健性检验，即企业二氧化硫排放量。结果见表8.3。可以看出，在列（1）、列（2）、列（3）中，企业环境产品进口额的系数为负且在1%的水平上显著，在列（4）加入了年份固定效应、行业固定效应和企业固定效应后，企业单位环境产品进口额的系数为负且在5%的水平上显著，说明企业单位环境产品进口额的增加会导致企业二氧化硫排放量的减少。列（1）至列（4）中的结果与表8.2基本一致，控制变量的估计系数的符号在稳健性检验的各列中基本保持一致。这在一定程度上说明本章选取的控制变量可以相对稳定地控制住企业层面多种因素对污染排放的影响。工业煤炭消费量的系数在列（1）至列（4）均显著为正，表明随着工业煤炭消费量的增加，企业二氧化硫的排放量也逐步上升，企业污染程度加深。这与上述结论一致。

表 8.3   稳健性检验

指标	（1）	（2）	（3）	（4）
单位环境产品 进口额	- 0.4014 *** （- 5.0676）	- 0.4040 *** （- 5.1013）	- 0.3394 *** （- 4.3197）	- 0.4731 ** （- 2.2346）
工业总产值	0.0140 *** （8.3779）	0.0142 *** （8.4619）	0.0127 *** （7.5614）	- 0.0235 （- 0.8787）
利润总额	- 0.0521 *** （- 10.4417）	- 0.0524 *** （- 10.5128）	- 0.0438 *** （- 8.6258）	- 0.0541 *** （- 4.8765）
资产总计	0.0157 *** （8.1114）	0.0159 *** （8.2026）	0.0134 *** （6.7862）	- 0.0394 *** （- 10.7296）
工业废水处理量	0.0061 *** （29.2501）	0.0061 *** （29.1975）	0.0055 *** （26.5185）	- 0.0024 *** （- 7.4377）
工业销售产值	- 0.0000 （- 0.0758）	- 0.0000 （- 0.0606）	- 0.0000 （- 0.0243）	0.0433 （1.6223）
工业煤炭消费量	0.8742 *** （42.3154）	0.8737 *** （42.2960）	0.9396 *** （43.2027）	1.0983 *** （16.3601）
Constant	31194.0430 *** （8.2732）	55866.1211 *** （7.9200）	22924.4844 （0.9582）	90193.7109 （1.1398）
年份固定效应	NO	YES	YES	YES
行业固定效应	NO	NO	YES	YES
企业固定效应	NO	NO	NO	YES
Observations	67422	67422	67422	67422
Number of code	29024	29024	29024	29024

注：括号内数值为纠正了异方差后的 t 统计量；***、** 和 * 分别表示在 1%、5% 和 10% 水平上显著。

为进一步验证结果的稳健性，本节进行了滞后检验，回归结果如表 8.4 所示。可以看出，在逐步加入控制变量后，企业单位环境产品进口额的系数均为负且在 1% 水平上显著，说明滞后一期单位环境产品进口额的增加对企业烟粉尘排放量产生明显的负向作用。资产总计的系数在列（4）至列（7）显著为正，工业销售产值的系数在列（6）和列（7）显著为正，工业煤炭消费量的系数在列（7）显著为正，表示滞后一期企业烟粉尘排放量与资产总计、工业销售产值、工业煤炭消费量呈正相关性。

表 8.4 　　　　　　　　　　　　稳健性检验 – 滞后一期

指标	（1）	（2）	（3）	（4）	（5）	（6）	（7）
单位环境产品进口额	− 0. 4131 *** （− 4. 2880）	− 0. 7720 *** （− 7. 6467）	− 0. 8156 *** （− 8. 0519）	− 0. 7071 *** （− 6. 9113）	− 0. 6827 *** （− 6. 6662）	− 0. 7258 *** （− 7. 0897）	− 0. 7329 *** （− 5. 7241）
工业总产值		0. 0127 *** （11. 9101）	0. 0149 *** （12. 9760）	0. 0082 *** （5. 5890）	0. 0083 *** （5. 6792）	− 0. 0791 *** （− 8. 2483）	− 0. 1505 *** （− 11. 3812）
利润总额			− 0. 0226 *** （− 5. 1545）	− 0. 0084 * （− 1. 7392）	− 0. 0089 * （− 1. 8529）	− 0. 0095 ** （− 1. 9815）	− 0. 0277 *** （− 5. 3541）
资产总计				0. 0116 *** （7. 2149）	0. 0116 *** （7. 1673）	0. 0121 *** （7. 5078）	0. 0043 ** （2. 2231）
工业废水处理量				− 0. 0009 *** （− 4. 7114）	− 0. 0009 *** （− 4. 8051）	− 0. 0014 *** （− 5. 6447）	
工业销售产值						0. 0883 *** （9. 2276）	0. 1686 *** （12. 8255）
工业煤炭消费量							1. 1703 *** （28. 9194）
Constant	79272. 8203 * （1. 8921）	77013. 5938 * （1. 6594）	76904. 9531 * （1. 6576）	73648. 0156 （1. 5887）	74564. 2344 （1. 6090）	75604. 0547 （1. 6336）	55411. 7891 （1. 1107）
年份固定效应	YES	YES	YES	YES	YES	YES	YES
行业固定效应	YES	YES	YES	YES	YES	YES	YES
企业固定效应	YES	YES	YES	YES	YES	YES	YES
观测值	62941	52347	52335	52335	52335	52334	38265

注：括号内数值为纠正了异方差后的 t 统计量；***、** 和 * 分别表示在 1%、5% 和 10% 的水平上显著。

8.5 内生性问题与处理

本节的内生性问题在于环境产品进口额与企业烟粉尘排放量之间可能存在双向因果关系，即企业烟粉尘排放量的增多使企业环境产品进口额增加。学术界通常使用工具变量回归的方法解决内生性问题，因此本节借鉴许家云等（2015）的研究，使用单位环境产品进口额的滞后一期作为工具变量。表 8.5 报告的是基于工具变量方法的回归结果，结果显示，单位环境产品进口额的估计系数依然显著为负，且都通过了 1% 水平下的显著性检验，说明单位环境产品进口额的增加对企业烟粉尘排放量存在显著的抑制作用。运用工具变量法的研究和基准回归结果基本一致。控制变量中工业销售产值和工业煤炭消费量的估计系数显著为正，表明两者都与烟粉尘排放量呈显著正相关关系，这与预期相符。其中，工业销售产值越高在一定程度上意味着企业生产规模越大，由上述理论分析可知，在污染排放强度维持不变时，规模效应带来污染排放量的增加。

表 8.5　　　　　　　　　　工具变量回归

指标	（1）	（2）
单位环境产品进口额	-0.5992^{***} （-4.2872）	-1.7253^{***} （-5.9788）
工业总产值		0.0156 （1.6054）
利润总额		-0.0453^{***} （-8.3423）
资产总计		-0.0058^{***} （-2.8415）
工业废水处理量		-0.0014^{***} （-5.2928）

指标	（1）	（2）
工业销售产值		0.0269 *** （11.9030）
工业煤炭消费量		1.1694 *** （28.2607）
Constant	79818.6484 * （1.9048）	55162.1367 （1.1020）
年份固定效应	YES	YES
行业固定效应	YES	YES
企业固定效应	YES	YES
Observations	62941	38266

注：括号内数值为纠正了异方差后的 t 统计量；*** 、** 和 * 分别表示在1%、5% 和10% 的水平上显著。

8.6 机 制 检 验

根据本书在第6章中的理论分析，环境产品贸易自由化作为一项与环境有关的贸易措施，可能通过规模效应、结构效应和技术效应影响环境。为了进一步考察环境产品贸易自由化对环境质量的影响机制，本节借鉴今井耕介等（Imai et al.，2010）的"中介效应"检验方法来设计实证分析策略，见回归方程（8.2）至方程（8.4）：

$$Pollution_{ikt} = \alpha_0 + \alpha_1 environmentimport_{ikt} + \alpha_2 Controls_{ikt} + \gamma_i + \gamma_k + \gamma_t + \varepsilon_{ikt}$$

$$(8.2)$$

$$Channel_{ikt} = \beta_0 + \beta_1 environmentimport_{ikt} + \beta_2 Controls_{ikt} + \gamma_i + \gamma_k + \gamma_t + \mu_{ikt}$$

$$(8.3)$$

$$Pollution_{ikt} = \delta_0 + \delta_1 environmentimport_{ikt} + \delta_2 Channel_{ikt} + \delta_3 Controls_{ikt}$$
$$+ \gamma_i + \gamma_k + \gamma_t + \pi_{ikt}$$

$$(8.4)$$

其中，$Pollution_{ikt}$ 为结果变量，表示 i 企业在 t 年的烟粉尘排放量，反映企业环境质量。$environmentimport_{ikt}$ 为 i 企业 t 年单位环境产品的进口额，反映环境产品贸易自由化程度。$Channel_{ikt}$ 则为中介变量，根据上述理论分析，$Channel_{ikt}$ 包括规模效应、结构效应和技术效应。待估参数 α_1 反映了环境产品贸易自由化程度 $environmentimport_{ikt}$ 对企业环境质量 $Pollution_{ikt}$ 影响的总效应。参数 β_1 表示 $environmentimport_{ikt}$ 对中介变量的影响。待估参数 δ_2 用以识别环境产品贸易自由化程度 $environmentimport_{ikt}$ 通过中介变量 $Channel_{ikt}$ 影响企业环境质量 $Pollution_{ikt}$ 的中介效应。γ_i 代表企业固定效应，γ_k 代表行业固定效应，γ_t 代表时间固定效应。

根据本书在第 6 章中的分析，环境产品贸易自由化措施可能通过规模效应、结构效应和技术效应影响环境质量。因此，本节将对这三条机制进行逐一检验。首先，本节使用新产品产值指标来验证"规模效应"。新产品产值是指报告期企业生产的新产品的产值，一般而言，作为企业规模的度量指标之一，新产品产值越高，企业规模越大。表 8.6 报告了运用新产品产值作为企业规模衡量指标的回归结果。可以看出，列（1）单位环境产品进口额的估计系数及列（2）、列（3）规模效应的估计系数均为正，证实规模效应存在，而且规模效应增加了企业烟粉尘排放量，加剧了企业污染程度。这与理论机制的结论一致。

表 8.6　　　　　　　　　　机制检验 I ——规模效应

指标	（1）	（2）	（3）
	规模效应	烟粉尘排放量	烟粉尘排放量
规模效应		0.0135 *** （3.4039）	0.0134 *** （3.3852）
单位环境产品进口额	2.1646 *** （4.6309）		0.2015 （0.6386）
工业总产值	− 0.1155 *** （− 3.6183）	0.0256 （1.2050）	0.0278 （1.2903）
利润总额	− 0.0278 （− 1.3545）	− 0.0555 *** （− 4.0387）	− 0.0546 *** （− 3.9430）

指标	(1)	(2)	(3)
	规模效应	烟粉尘排放量	烟粉尘排放量
资产总计	0.0091 (1.0466)	− 0.0637 *** (− 10.8614)	− 0.0634 *** (− 10.7595)
工业废水处理量	0.0046 *** (7.5566)	− 0.0039 *** (− 9.4810)	− 0.0039 *** (− 9.4937)
工业销售产值	0.2242 *** (30.0833)	− 0.0017 (− 0.3479)	− 0.0027 (− 0.5196)
工业煤炭消费量	− 0.8472 *** (− 5.1240)	1.1199 *** (10.0360)	1.1207 *** (10.0424)
Constant	78376.6406 (0.5052)	119447.8125 (1.1412)	119513.0703 (1.1418)
年份固定效应	YES	YES	YES
行业固定效应	YES	YES	YES
企业固定效应	YES	YES	YES
Observations	50928	50928	50928

注：括号内数值为纠正了异方差后的 t 统计量；*** 、** 和 * 分别表示在 1%、5% 和 10% 的水平上显著。

在考察结构效应是否存在及其对环境的影响时，本节使用洁净燃气消费量/燃料煤消费量这一比值作为衡量结构效应的指标。事实上，结构效应体现在环境产品贸易自由化是否改变了企业清洁资源和传统能源的消耗比重。当洁净燃气消费量/燃料煤消费量这一比值越大时，洁净燃气消费更具备比较优势，企业环境质量更易改善。表 8.7 反映了使用洁净燃气消费量/燃料煤消费量度量结构效应的回归结果。可以看出，列（1）单位环境产品进口额的估计系数并不显著，说明环境产品进口额的增加并不能给企业带来结构效应。原因可能是环境产品的引入对污染控制和资源节约起到了一定的积极作用，因此并没有使企业增加洁净燃气的消费量。列（2）、列（3）中结构效应的估计系数均为负，也就是说如果结构效应存在,那么其可以显著减少企业烟粉尘排放量,对企业环境质量改善有正向作用。这与预期一致,因为结构效应可以降低煤炭使用比例,提高洁净燃气消费占比,有利于企业控制排污。

表8.7   **机制检验 II——结构效应**

指标	(1)	(2)	(3)
	结构效应	烟粉尘排放量	烟粉尘排放量
结构效应		− 24. 8072 ** (− 2. 5633)	− 24. 5063 ** (− 2. 5339)
单位环境产品进口额	0. 0017 (0. 8118)		− 12. 6486 *** (− 4. 8930)
工业总产值	− 0. 0001 *** (− 2. 9657)	0. 0381 (1. 0444)	0. 0395 (1. 0845)
利润总额	0. 0000 (1. 2512)	− 0. 0692 *** (− 3. 1295)	− 0. 0601 *** (− 2. 7075)
资产总计	− 0. 0000 (− 0. 6578)	− 0. 0393 *** (− 4. 9793)	− 0. 0369 *** (− 4. 6614)
工业废水处理量	− 0. 0000 (− 1. 3345)	− 0. 0045 *** (− 6. 4908)	− 0. 0035 *** (− 4. 9030)
工业销售产值	0. 0000 (1. 3534)	0. 0212 * (1. 8141)	0. 0168 (1. 4330)
工业煤炭消费量	0. 0012 *** (11. 3588)	2. 0542 *** (15. 8408)	2. 0290 *** (15. 6452)
Constant	− 10. 3492 (− 0. 0524)	149158. 2188 (0. 6108)	147568. 8906 (0. 6047)
年份固定效应	YES	YES	YES
行业固定效应	YES	YES	YES
企业固定效应	YES	YES	YES
Observations	29536	29536	29536

注: 括号内数值为纠正了异方差后的 t 统计量; *** 、 ** 和 * 分别表示在 1%、5% 和 10% 的水平上显著。

　　技术效应体现在环境产品贸易自由化有利于企业采用绿色技术，从而改善环境质量。绿色技术是指能减少污染、降低能耗和改善生态的技术体系。本节参考武力超等（2020）的研究，使用工业粉尘去除量作为绿色技术的度量指标，即工业粉尘去除量越高，企业越有可能采用了绿色技术。表 8.8 显示了使用工业粉尘去除量作为衡量技术效应的回归结果。可以看出，列（1）单位环境产品进口额的估计系数显著为正，列（2）和列（3）技术效应的估计系数为负，说明企业进口更多的环境产品确实产生了更强的技术效应，而技术效应显著降低了企业的烟粉尘排放量，有利于企业环境质量的改善。这与理论部分的结论一致。

表8.8　　　　　　　　　　机制检验Ⅲ——技术效应

指标	（1）	（2）	（3）
	技术效应	烟粉尘排放量	烟粉尘排放量
技术效应		−0.0080 *** (−3.0543)	−0.0080 *** (−3.0628)
单位环境产品进口额	1.3762 * (1.9327)		0.2415 (0.7658)
工业总产值	0.1987 *** (4.0844)	0.0252 (1.1858)	0.0278 (1.2917)
利润总额	0.2016 *** (6.4522)	−0.0545 *** (−3.9610)	−0.0533 *** (−3.8509)
资产总计	0.0342 ** (2.5714)	−0.0634 *** (−10.8041)	−0.0630 *** (−10.6909)
工业废水处理量	−0.0048 *** (−5.1314)	−0.0039 *** (−9.4237)	−0.0039 *** (−9.4404)
工业销售产值	−0.0774 *** (−6.8213)	0.0009 (0.1891)	−0.0003 (−0.0514)
工业煤炭消费量	6.0856 *** (24.1604)	1.1568 *** (10.2673)	1.1579 *** (10.2766)

指标	(1)	(2)	(3)
	技术效应	烟粉尘排放量	烟粉尘排放量
Constant	−20690.5371 (−0.9844)	−6660.9463 (−0.7155)	−6682.0767 (−0.7178)
年份固定效应	YES	YES	YES
行业固定效应	YES	YES	YES
企业固定效应	YES	YES	YES
Observations	50928	50928	50928

注：括号内数值为纠正了异方差后的 *t* 统计量；*** 、** 和 * 分别表示在 1%、5% 和 10% 的水平上显著。

8.7 拓展性讨论——异质性分析

在基准回归模型的基础上，本节首先按企业所有制性质进行异质性分析。本节按照企业所有制性质将企业划分为国有企业、民营企业和外资企业。其中，国有企业是指国务院和地方人民政府分别代表国家履行出资人职责的国有独资企业、国有独资公司和国有资本控股公司；民营企业是指所有的非公有制企业；外资企业是指在中国境内设立的由外国投资者独资投资经营的企业。基于企业所有制异质性的回归结果见表 8.9。可以看出，列（3）外资企业单位环境产品进口额的估计系数为负且在 1% 的水平上显著；列（2）国有企业单位环境产品进口额的估计系数为负且在 5% 的水平上显著；列（1）民营企业单位环境产品进口额的估计系数不显著。这说明对于外资企业和国有企业而言，单位环境产品进口额的增加会导致企业烟粉尘排放量的减少；而对于民营企业来说，单位环境产品进口额的增加对企业烟粉尘排放量的影响不明显。此外，列（2）和列（3）中工业煤炭消费量的估计系数均显著为正，说明国有企业和外资企业的烟粉尘排放量与工业煤炭消费量呈正相关关系。

表 8.9　　　　　　　　　　企业所有制分样本回归结果

指标	（1）	（2）	（3）
	民营企业	国有企业	外资企业
单位环境产品进口额	- 2.0083 （ - 1.0087）	- 11.5508 ** （ - 2.1530）	- 0.4983 *** （ - 5.3584）
工业总产值	0.0443 （0.7713）	0.3250 （0.8778）	- 0.1156 *** （ - 9.1020）
利润总额	0.0466 （1.1132）	0.3027 ** （2.2092）	- 0.0281 *** （ - 5.3709）
资产总计	- 0.0481 *** （ - 5.5212）	- 0.0084 （ - 0.3472）	- 0.0038 * （ - 1.8237）
工业废水处理量	0.0028 *** （4.0727）	0.0319 *** （11.6285）	- 0.0014 *** （ - 8.8243）
工业销售产值	0.0346 （0.6007）	- 0.4584 （ - 1.2500）	0.1327 *** （10.4516）
工业煤炭消费量	- 0.1100 （ - 0.7737）	6.1705 *** （9.4334）	1.0997 *** （33.2797）
Constant	92829.2734 （1.0109）	- 323229.0938 （ - 1.1941）	52021.8984 （1.1972）
年份固定效应	YES	YES	YES
行业固定效应	YES	YES	YES
企业固定效应	YES	YES	YES
Observations	15198	1531	50693
R^2	0.0206	0.3247	0.0581
Number of code	10696	1078	23905

　　注：括号内数值为纠正了异方差后的 t 统计量；***、** 和 * 分别表示在 1%、5% 和 10% 的水平上显著。

　　本节又将制造业分为高污染行业和非高污染行业进行异质性分析。布塞（Busse，2004）将产品单位产出的"污染治理和控制支出"（PACE）在总成本中所占比重高于 1.8% 的行业确定为污染密集型行业，即高污染行业，包括工业化学品行业、非金属矿产业、钢铁行业、纸和纸浆行业、非铁金属行业 5 个行业，其余为非高污染行业。从表 8.10 中可以看出，高污染行业单位环境产品进口额的估计系数为负且在 1% 的水平上显著，说明高污染行业单位环境产品进口额的增加会导致企业烟粉尘排放量的减少；而非高污染行业单位环境产品进口额的估计系数不显著，说明非高污染行业单位环境产品进口额的增加对减少企业烟粉尘排放量的作用不明显。列（1）、列（2）工业煤炭消费量的估计系数均显著为正，这意味着无论是高污染行业还是非高污染行业，工业煤炭消费量的增加都会导致企业烟粉尘排放量的上升。

表 8.10　　　　　　　　　　制造业行业分样本回归结果

指标	（1）高污染行业	（2）非高污染行业
单位环境产品进口额	− 18.6689 *** （− 4.6244）	− 0.0108 （− 0.2268）
工业总产值	− 0.0526 （− 0.5725）	− 0.0016 （− 0.2271）
利润总额	− 0.1097 *** （− 3.8699）	0.0024 （0.3932）
资产总计	− 0.0664 *** （− 6.3495）	− 0.0062 *** （− 4.4246）
工业废水处理量	− 0.0019 *** （− 2.9166）	0.0009 ** （2.0777）
工业销售产值	0.0942 （1.0374）	0.0029 （0.4015）
工业煤炭消费量	1.1281 *** （8.1438）	0.8867 *** （15.2528）
Constant	177322.5000 （1.4076）	38483.5664 * （1.8146）

指标	（1）高污染行业	（2）非高污染行业
年份固定效应	YES	YES
行业固定效应	YES	YES
企业固定效应	YES	YES
Observations	17429	49993
R^2	0.0155	0.0099
Number of code	7732	21576

注：括号内数值为纠正了异方差后的 t 统计量；***、**和*分别表示在 1%、5%和 10% 的水平上显著。

最后，本节按照 APEC 2012 年环境产品清单的分类，将环境产品分为资源管理类产品、污染管理类产品、清洁技术与产品和环境友好型产品，并分别考察各类环境产品进口的环境效应。由于环境友好型产品仅涉及 441872（其他多层已拼装的木地板）一种产品，因此，表 8.11 重点考察前 3 类环境产品进口额对企业烟粉尘排放量的影响。列（1）、列（3）显示，资源管理类产品、清洁技术与产品进口额的估计系数为负且在 5% 的水平上显著，说明这两类环境产品单位进口额的增加将会降低企业烟粉尘排放量，列（2）污染管理类产品进口额的估计系数不显著，意味着这类环境产品单位进口额的增加对企业降低烟粉尘排放量的作用不明显。由于资源管理类产品主要包括再生能源设备，如风力发电设备等，因此该类环境产品可以通过资源节约加可再生能源的利用等途径来改善环境；清洁技术与产品多为高科技产品且多用于环境监测和评估，这类产品的进口一方面可以促进绿色技术如污染治理技术的传播，另一方面可为企业监控污染排放提供直接服务。污染管理类产品主要包含 840410（蒸汽锅炉、过热水锅炉的辅助设备）、840420（水及其他蒸汽动力装置的冷凝器）等空气、废水、固体废物管理等产品，但是该类产品的进口并未明显改善企业烟粉尘的排放量，可能是因为该类产品进口关税的降低使企业生产污染产品（最终产品）的成本降低（周瑞娇，2019），因此企业出于逐利性而提升了污染产品的生产量，污染控制没有得到改善。

表 8.11 环境产品分样本回归结果

指标	（1）	（2）	（3）
	资源管理类产品	污染管理类产品	清洁技术与产品
单位环境产品进口额	− 0.2610 ** （− 2.3780）	− 0.1829 （− 1.5073）	− 0.2501 ** （− 2.2852）
工业总产值	0.0116 *** （7.0023）	0.0109 *** （6.7352）	0.0112 *** （6.8676）
利润总额	− 0.0427 *** （− 8.4060）	− 0.0420 *** （− 8.3014）	− 0.0422 *** （− 8.3355）
资产总计	0.0138 *** （7.0044）	0.0143 *** （7.2790）	0.0142 *** （7.1971）
工业废水处理量	0.0055 *** （26.5004）	0.0055 *** （26.4884）	0.0055 *** （26.4913）
工业销售产值	− 0.0000 （− 0.0244）	− 0.0000 （− 0.0243）	− 0.0000 （− 0.0243）
工业煤炭消费量	0.9412 *** （43.2769）	0.9414 *** （43.2896）	0.9414 *** （43.2883）
Constant	23044.2207 （0.9631）	23109.2324 （0.9658）	23161.6895 （0.9680）
年份固定效应	YES	YES	YES
行业固定效应	YES	YES	YES
企业固定效应	YES	YES	YES
观测值	67422	67422	67422

注：括号内数值为纠正了异方差后的 t 统计量；***、** 和 * 分别表示在 1%、5% 和 10% 的水平上显著。

8.8 本 章 小 结

本章考察了中国环境产品贸易自由化的环境效应。从实证结果看，企业单位环境产品进口额的增加会明显降低其烟粉尘排放量。在经过一系列稳健性检验后，该结论依然成立。机制检验的结果表明，环境产品贸易自由化的规模效应、技术效应存在，结构效应不显著。其中，规模效应增加了企业烟粉尘排放量，而技术效应降低了企业烟粉尘排放量。通过异质性分析可以看出，环境产品进口额的增加显著降低了国有企业和外资企业的烟粉尘排放量，而对于民营企业的排污改善作用不明显。对于高污染行业而言，环境产品进口的环境正向效应显著；非高污染行业的环境质量并没有随着环境产品贸易自由化程度的加深而得到明显改善。在环境产品的细分中，资源管理类产品和清洁技术与产品的进口对企业烟粉尘排放量的减少作用明显，而污染管理类产品进口对降低企业烟粉尘排放量的作用不显著。

第9章 结论与政策建议

9.1 研 究 结 论

9.1.1 WTO 致力于贸易与环境的协调

面对贸易自由化和环境保护的矛盾，WTO 逐步在其多边贸易体制内确立起环保原则和相关规则，试图构建贸易和环境的平衡关系。为此，WTO 不仅在实践中努力完善现行的环境保护条款，而且在贸易政策审议机制中重点关注环境议题。中国作为 WTO 主要成员，近些年也加强了 WTO 贸易政策审议中环境审议的参与度。通过分析中国环境问题清单，可以看出中国对环境产品和服务、环境经济政策、FTA 环境议题、环境准入等领域尤为关注。同时作为被审议方，中国与环境有关的贸易措施、环境标准、环境经济政策也成为 WTO 其他成员的关注点。尽管 WTO 的环境保护工作值得肯定，但 GATT/WTO 与环境有关的条款仍存在内容上缺乏确切解释、形式上表现零散、实践中缺乏平衡的缺点，因此 WTO 仍需进一步完善提高现行条款，增强贸易政策审议和争端解决机制的透明度。

9.1.2 WTO 主要成员与环境有关的贸易措施有共性但也有差异

共性方面，WTO 主要成员都侧重使用支持措施、基于环境要求的措施和环境规制，而较少使用基于价格和市场的措施如进出口配额和保障措施等。但就支持措施而言，各成员的侧重点也不尽相同。美国使用频率最高的支持措施是税收减免，其次为补助金及直接付款、贷款与融资；而欧盟和日本侧重使用补助金及直接付款，对于税收减免、贷款与融资的使用比重较低；与美国相同的是，中国使用条目数最多的支持措施也是税收减免，但贷款与融资的使用量远不及美国；加拿大侧重使用政府采购和其他支持措施。对于环境要求的措施方面，中国使用最多的是禁止措施，其次是技术法规或规范；而日本、欧盟、美国使用数目最多的均是技术法规或规范。除此之外，日本侧重使用进口许可，欧盟和美国分别侧重使用禁止措施和合格评定程序。5 个 WTO 主要成员都较多使用环境规制，其中加拿大尤为明显，其环境规制的使用条目数远高于其他 WTO 成员。从重点关注的行业来看，欧盟和日本在渔业领域使用的措施条目数最多，美国和加拿大重点关注能源业，而中国与环境有关的贸易措施主要集中在制造业和能源业。

9.1.3 出口退税和环境产品贸易自由化成为中国的重点措施

税收减免在中国提交的贸易措施条目数中占据首位，而出口退税在税收减免中使用占比最高。自 1994 年起，中国的出口退税政策经历了 5 次大幅度调整。其中，2007 年出口退税的调整明显限制了"两高一资"产品的出口，国内资源与环境的压力得到缓解。此次调整对转变贸易发展方式、促进节能减排和环境保护有着重要意义。环境产品贸易自由化是中国另一项与环境有关的重点贸易措施。一方面，环境产品与服务在中国环境问题清单的关注领域中名列首位；另一方面，中国作为 WTO 主要成员，始终推动环境产品贸易自由化进程并在《环境产品协定》谈判中发挥主导作用。整休而言，中国环境产品贸易呈现出贸易规模逐步扩大、贸易结构不平衡、贸易市场相对固定的特点。

9.1.4 贸易措施通过三种效应影响环境

贸易措施影响环境的传导机制可以归纳为三大效应：规模效应、结构效应和技术效应。规模效应是指贸易措施通过作用于贸易规模和经济规模进而改变投入产出，从而影响环境。在企业生产率没有得到提高的情况下，规模效应一般伴随着经济规模的扩大而使环境恶化，这不仅是由于生产要素投入的增加和生产规模的扩大导致自然资源匮乏和污染排放量上升，还关系到贸易规模的扩大引起的交通运输的增加。但如果规模效应提升了企业生产率，降低了单位产出的排放强度，或者在改善人们收入的同时提高了大众的环保意识，那么规模效应会对环境产生正向作用。结构效应是指贸易措施通过调整经济结构和产业构成进而影响环境。结构效应对环境的影响具有不确定性，主要取决于一国的要素禀赋以及该国是否沦为"环境避难所"。如果结构效应增加了清洁产业的比重，降低了环境污染行业的比重，那么其有利于环境改善；反之，则会对环境产生负面影响。如果发展中国家沦为污染接受国，那么其环境质量将进一步恶化。技术效应是指贸易措施作用于环保设备、绿色技术的引进，从而影响环境。一般而言，绿色技术可以通过贸易在全球范围内扩散，有利于全球的环境质量改善。

9.1.5　中国出口退税率的降低推动企业改善环境质量

出口退税作为中国与环境有关的重要贸易措施，在过去 30 年内扮演了重要角色。特别是 2007 年，中国分批降低甚至取消了"两高一资"产品的出口退税率，对优化出口商品结构、促进产业结构调整、实现环境资源保护具有重大意义。基于此，本书系统讨论了出口退税与环境保护的内在关系，实证结果表明，中国出口退税率的降低对企业烟尘排放强度有显著的负向作用。在一系列稳健性检验后该结论依然成立。进一步的机制分析表明，技术效应存在并对环境改善起到正向作用，规模效应不显著。异质性分析表明，无论是国有企业还是非国有企业，出口退税下降均显著减轻了其烟尘排放强度。此外，出口退税率降低显著减轻了小规模企业的烟尘排放强度，而对大规模企业烟尘排放强度影响不显著。

9.1.6　中国环境产品贸易自由化措施促进企业减少污染排放

由于环境产品定义与界定的分歧、消除贸易壁垒的现实困境等原因,《环境产品协定》谈判暂时搁浅,但中国和 WTO 其他主要成员对推动环境产品贸易自由化所做出的贡献不容忽视。本书以 APEC 2012 年环境产品清单为基础,进一步考察了中国环境产品贸易自由化的环境效应。研究表明,单位环境产品进口额的增加显著降低了中国企业烟粉尘排放量。在经过一系列稳健性检验后该结论依然成立。机制分析表明,规模效应和技术效应存在,结构效应不显著。其中,规模效应加剧企业污染程度,而技术效应促进企业排污改善。对于国有企业和外资企业来说,单位环境产品进口额的增加对企业烟粉尘排放量有明显的抑制作用,而对于民营企业而言该影响不明显。此外,单位环境产品进口额的增加显著降低了高污染行业烟粉尘排放量,而对非高污染行业没有明显影响。在环境产品分类中,资源管理类产品和清洁技术与产品的进口对企业烟粉尘排放量的减少作用明显,而污染管理类产品进口对降低企业烟粉尘排放量的作用不显著。

9.2　政　策　建　议

9.2.1　充分利用 WTO 机制维护自身利益

1. 加强 WTO 贸易政策审议环境议题的参与度

中国不仅应该全程参与对华贸易政策审议工作,还应积极参与对其他 WTO 成员尤其是对发达成员的贸易政策审议。一方面,我们在接受审议时可以向其他成员合理阐述中国与环境有关的贸易措施，增信释疑；另一方面，我们也可以深入了解 WTO 其他成员的贸易措施，并就不明之处提出质询。为此，就政府层面而言，首先，在按时提交贸易文件的基础上应如实全面汇报中国与环境有关的贸易措施，以合作的姿态对接中国贸易政策审议，增强 WTO 贸易政策审议的透明度。其次，建议有关部门如商务部、生态环境部等联合开展能力建设，进一步了解贸易政策审议工作流程，有效运用多边平台和 WTO 语言，讲好与贸易有关的中国生态环保故事，让更多 WTO 成员了解中国与环境有关的贸易措施的合法性、合理性。同时充分利用 WTO 贸易政策审议机制获取有效信息，为相关领域决策提供支撑。最后，关注企业诉求，充分考虑绿色贸易壁垒等对中国企业的影响。可以借鉴美欧经验，引导企业关注绿色贸易政策，加强同相关企业的合作，更有针对性地表达中方关切。

2. 充分利用 GATT/WTO 与环境保护有关的条款和原则

GATT/WTO 对发展中国家给予优惠待遇的规定体现在诸多与环境保护有关的条款中。中国要深入研究相关规则和协议，提高运用规则保护自己、发展自己的能力。中国可以利用 TBT 协议中对发展中国家优惠待遇的规定，在制定中国技术规章、标准时，向技术水平较高的发达成员提出技术支持请求，还可以结合自身环境要求和技术情况采用适合自身的技术标准。同时，中国也可以利用 SPS 协议中对发展中国家给予特殊和差别待遇的规定，在进口成员的动植物卫生检疫措施和发展中国家的市场准入方面寻求帮助。总之，对于绿色贸易壁垒的应对和运用，中国要做到"避害"和"趋利"。一方面，合理运用 WTO 与环境保护有关的条款保护国内市场，培育相关企业和产品的竞争力；另一方面，对于违反 WTO 规定的绿色贸易壁垒，可以通过加强双边磋商有效应对或借助多边贸易谈判机制予以打破。

3. 善于利用 WTO 争端解决机制

作为 WTO 三大基本功能之一，争端解决机制在解决 WTO 成员间的贸易摩擦方面发挥了重要作用。当下 WTO 发达成员依然是援引环境例外条款的主力军，中国作为发展中成员，应该加强对相关案例的研究，积累经验，在面对不合理的、具有歧视性的绿色贸易壁垒时善于并勇于使用 WTO 争端解决机制，促使其对相关条款做出公正、合理的解释和适用，维护中国的贸易利益。在海龟案中，印度、泰国、马来西亚、巴基斯坦的最终胜诉就是发展中成员协同合作的典范。因此，中国应重视同其他发展中成员的合作，就发达成员发起的绿色贸易壁垒等问题共同磋商，探讨突破绿色贸易壁垒的途径，形成协调统一的利益群体，必要时可与其他发展中成员共同起诉或应诉。

4. 积极参与制定国际标准

作为发展中成员，中国在动植物卫生检疫制度、污染认定标准、市场准入、制度审查等诸多方面有待完善。为此，中国要充分利用《TBT 协议》《SPS 协议》中的有关规定，建立健全与国际接轨的技术法规和检验监测标准，促进国际互认，提高产品的各项技术、安全、卫生指标。在完善现行环境法规时，中国可以借鉴发达成员可行的经验，将环境资源政策纳入法律体系中，对国内高污染企业严格把控，对进口产品加强检验检疫。不仅如此，中国更应该积极参与全球性贸易与环境规则以及国际标准的制定。面对贸易与环境的冲突，中国不能一味地强调贸易或者强调环境，而是应该以发展的眼光看问题，重视两者的协调进步。要在国际舞台上积极建言献策，展示大国担当，努力推动建立一个透明、公平、开放、可持续发展的多边贸易体制。政府要在多双边谈判中关注技术壁垒问题，广泛开展工作，协同配合企业，加快中国技术标准国际化步伐，积极探索国际标准制定的参与模式，在国际标准制定的过程中渗入中国元素。

5. 加快建立有效应对绿色贸易壁垒的预警机制

虽然中国在加入 WTO 后对外贸易取得了突飞猛进的发展，但近些年来遭受了越来越多的绿色贸易壁垒。一些 WTO 发达成员打着环境保护的旗号，实施了一系列具有歧视性的贸易措施，对中国进出口造成不利影响。因此，中国必须重视并加快建立应对绿色贸易壁垒的预警机制，将防范工作前置化。中国可以紧密跟踪重点进出口国家与环境有关的贸易措施，及时了解绿色贸易壁垒的动向，定期或不定期地发布预警信息，提醒企业做好防范工作。同时中国要完善预警机制指标体系，如主要贸易伙伴的进出口配额、主要竞争对手同类产品的出口价格、WTO 主要发达成员使用各类与环境有关的贸易措施条目数等。建议中国政府加大对绿色贸易壁垒预警机制的资金、科技投入，培养预警分析人才，变被动为主动，增强风险防范能力。

9.2.2 发展循环经济

1. 大力发展环保产业、优化进出口商品结构

WTO 主要成员与环境有关的贸易措施虽然在一定程度上限制了贸易，但却鼓励可持续发展，尤其是对于环保有关的产品、技术，多数政策予以支持。这就要求政府完善环保产业政策，促进技术进步。一方面，引导企业尤其是大中型企业向环保产业转移，改善中国环保产业规模小、比重小的现状；另一方面，重视引进国外先进技术，给予企业技术升级支持，提供符合绿色贸易要求的产品，有效避开发达成员设置的绿色贸易壁垒。通过产业调整优化进出口商品结构，进一步降低甚至取消对"两高一资"产品的出口退税率，减少污染密集型产品的出口和生产。鼓励进口清洁技术和设备，发展绿色环保产业。

2. 加强政府和企业的协同配合、提升企业环保意识

中国侧重使用税收减免、补助金及直接付款、技术法规或规范等措施来协调贸易与环境的发展，一方面鼓励企业落实可持续发展战略，另一方面给予企业指导性帮助。国内企业应跟随国家的步伐，适应效益和环境协

同发展的思想，加大绿色技术投入，建立环保生产机制，学习环保管理方式，提高产品的绿色竞争力，减少资源消耗，控制污染排放，从根本上实现效益和环境的协调发展。此外，企业要提高标准化意识，规范标准化行为，从生产、加工到销售环节，严格遵守标准，这样既能保证产品质量、树立企业品牌，也可以有效减少国外技术性贸易壁垒。此外，政府要引导企业加强认证工作，做好出口产品原产地认证、环保认证、质量认证等，保障产品在国际市场的通行。企业也要结合不同国家对于相关产品的市场准入要求，获取产品在安全性、功能性等方面的认证，努力避开技术性贸易壁垒的矛头指向。由于各国政府和国际标准化组织会不断对技术法规进行修订，因此中国政府应保持高度敏感性，密切关注国外技术标准的动态，加强与企业在信息提供、预警通报等方面的合作。

9.2.3 进一步完善出口退税政策

出口退税作为中国重点贸易措施之一，在实现贸易平衡、结构调整和环境保护方面挥发着重要作用。建议中国政府进一步完善出口退税政策，可从以下方面着手：首先，设置差异化出口退税政策。继续调低甚至取消"两高一资"产品的出口退税，抑制污染行业的出口和生产经营规模；维持或适当提高清洁产品的出口退税率，优化出口商品结构，促进产业结构调整，引导要素资源向环境友好型企业转移，扩大清洁产业规模和比重；鼓励企业采用绿色技术，发挥技术效应对环境的正向影响。其次，建议中国政府细化出口退税税率和税目结构。可以结合"两高一资"企业污染排放和污染治理水平实施差异化出口退税税率标准，对于排污较少或污染治理水平较高的企业设置适中的出口退税率，而对于排污严重或治污不力的企业设定更低的出口退税率，倒逼企业优化配置，逐步转型。由于出口退税政策所涉及的"两高一资"产品目录并未涵盖所有高污染、高能耗和资源性产品，因此建议政府扩大"两高一资"产品的目录范围，完善税目结构，使出口退税政策作用力更为高效。最后，健全相关配套措施，推动资源合理流动。建议出台环境税等长期性政策手段，加强环境保护。同时，政府可以对积极采用绿色技术的"两高一资"企业给予政策优惠，对主动淘汰落后技术设备的传统行业提供补贴，促进人力、资金、技术等向创新型、清洁型部门合理流动。

9.2.4 进一步推动环境产品贸易自由化

1. 主动争取谈判优势

作为环境产品贸易的利益攸关方，中国应积极主动参与环境产品贸易自由化谈判，提升话语权，获得有利位置。这就要求中国从以下方面着手：首先，结合中国环境产品情况制定符合自身利益的关税削减谈判策略。将中国具备竞争优势的环境产品纳入清单，并可适当放开部分具有相对优势的环境产品的关税，体现中国在谈判中的诚意。对于不具备竞争优势的环境产品应尽可能维持关税。同时对环境产品"扩围"要保持谨慎，防止 WTO 发达成员将更多具备竞争优势的工业品列入环境产品清单。其次，在建立环境技术转移制度和环境产品关税减让问题上要坚持发展中成员特殊与差别待遇。在谈判中呼吁建立环境技术转让体系，争取发达国家的环境技术转让，包括为中国环境产品企业国际化提供标准规范支持，加强环境产品标准的国际合作，推进环境产品标准的国际互认等。在环境产品关税减让顺序、减让程度等方面坚持发展中成员特殊与差别待遇，要求给予发展中国家一定时间的过渡期，逐步削减关税。

2. 量身定制环境产品贸易发展机制

首先，实现进口差异化战略。考虑到各类环境产品的环境效应和进口结构现状，更有针对性地制定进口规划。根据前文的分析，资源管理类产品和清洁技术与产品的进口明显改善了环境，而污染管理类产品的进口对环境影响不明显。当下中国环境产品进口仍以资源管理类产品为主，清洁技术与产品进口比重有所上升，污染管理类产品进口比例呈下降态势。因此，中国可以进一步提高清洁技术与产品在进口中的比重，更多地发挥出技术效应对环境改善的积极作用；维持和提高资源管理类产品的进口比例，推动可再生能源利用，逐步降低污染管理类产品的进口比重。其次，优化出口结构，拓宽出口市场。面对中国环境产品贸易出口结构不平衡的现状，政府应加大对清洁技术与产品的政策支持力度，可采用税收优惠等措施鼓励属于高科技产品的环境监测与评估类产品的出口。完善配套金融服务，给予相关企业更多资金以用于研发和技术投入，促进高科技类环境产品成为出口贸易的新增长点。鉴于中国环境产品出口市场相对固定且存在较大拓展空间，中国有关部门应密切关注环境产品需求变动，全面、细致分析海外市场，可尝试拓展澳大利亚、加拿大市场。最后，鼓励环境产品企业探索新的经营模式，可考虑延长产业链，即由单纯提供环境产品向提供产品、服务一体化的整体环境治理方案升级，增强中国环境产品的国际竞争力。

9.3　研究不足之处与前瞻

需要指出的是，本书对与环境有关的贸易措施的研究仍存在诸多不足之处，在今后的研究中，以下问题仍需进一步完善。

首先，本书未能梳理 WTO 全部成员与环境有关的贸易措施。由于接受 WTO 贸易政策审议的成员数目众多，无法进行一一统计，因此本书只选取了欧盟、中国、美国、加拿大、日本 5 个 WTO 成员进行研究。一方面，这 5 个成员提交的与环境有关的贸易措施条目数名列前茅；另一方面，这 5 个成员不仅在世界贸易中所占份额大，而且也是《环境产品协定》谈判的主要发起者和推动者，因此对贸易与环境问题影响重大。但不可否认的是，本书仅对有限数量的成员的贸易措施进行了分析和总结，缺少对其他 WTO 成员情况的把控，对其他 WTO 成员的贸易政策举例也不足。由于在这 5 位成员中，仅有中国是发展中成员，因此本书缺乏对发展中成员与环境有关的贸易措施的横向比较，对发达成员与发展中成员贸易措施的差异性研究不够全面。事实上，由于部分发展中成员接受贸易政策审议的周期较长，对这些成员与环境有关的贸易政策的收集难度很大。基于以上论述，未来的研究应重点关注 WTO 成员参与贸易政策审议环境议题的情况，掌握研究对象的环境问题清单；定期追踪 WTO 环境数据库，了解与环境有关的贸易措施动态；密切关注 WTO 秘书处报告和政府政策声明，获取相关措施的变动情况。

其次，鉴于数据获得的局限性和现实考虑，本书仅对中国与环境有关的重点贸易措施的环境效应进行了实证分析，对于 WTO 其他主要成员的贸易措施只进行了定性研究。事实上，由于 WTO 环境数据库的缺陷，本书未能对 WTO 全部成员的所有贸易措施进行统计，因此无法在此基础上研究整体贸易措施的环境效应。在之后的研究中，可以对美国、欧盟、日本等 WTO 主要成员重点贸易措施的环境效应进行计量分析，从而探讨 WTO 发达成员的贸易措施是否促进了其环境质量的改善。

再次，本书度量环境产品贸易自由化的指标有一定局限性。考虑到《环境产品协定》谈判搁浅，环境产品关税削减在实践中困难重重，本书未选择环境产品进口关税而是选择使用单位环境产品的进口额来衡量环境产品贸易自由化程度。在未来的研究中，可以尝试使用其他指标如关税减让、进口渗透率、贸易开放度等指标对环境产品贸易自由化进行度量。

最后，本书使用的环境指标数量有限。由于数据获得的局限性，本书仅使用企业烟粉尘排放量、企业烟尘排放强度、工业废水治理强度、二氧化硫排放量等衡量环境质量。但环境质量作为一个综合性概念，还包括土壤污染、气候变化、噪声污染、固体废弃物排放等方面。因此，若数据允许，利用更多环境指标来检验贸易措施的环境效应才能更加全面，使研究结论更具有说服力。

参 考 文 献

[1] 边永民. 含贸易措施的多边环境协议与 WTO 之间的关系 [J]. 当代法学, 2010 (1): 152-160.

[2] 曹光辉, 汪锋, 张宗益, 等. 我国经济增长与环境污染关系研究 [J]. 中国人口·资源与环境, 2006 (1): 25-29.

[3] 陈登科. 贸易壁垒下降与环境污染改善——来自中国企业污染数据的新证据 [J]. 经济研究, 2020 (12): 98-114.

[4] 陈昭, 徐世长. 中国对外贸易与环境质量关系检验——基于 An-C-Tayor 一般均衡模型的分析 [J]. 国际经贸探索, 2010 (12): 16-20.

[5] 崔丽丽. 论发展中国家视角下多边环境协议对贸易与环境的协调 [J]. 理论界, 2012 (11): 41-46.

[6] 党玉婷, 万能. 贸易对环境影响的实证分析——以中国制造业为例 [J]. 世界经济研究, 2007 (4): 52-57.

[7] 邓柏盛, 宋德勇. 我国对外贸易、FDI 与环境污染之间关系的研究: 1995-2005 [J]. 国际贸易问题, 2008 (4): 101-108.

[8] 邓向荣, 张嘉明. 货币政策、银行风险承担与银行流动性创造 [J]. 世界经济, 2018, 41 (4): 28-52.

[9] 杜立民. 我国 CO_2 排放的影响因素: 基于省级面板数据的研究 [J]. 南方经济, 2010 (11): 20-33.

[10] 范丹, 孙晓婷. 环境规制、绿色技术创新与绿色经济增长 [J]. 中国人口·资源与环境, 2020 (6): 105-115.

[11] 范庆泉, 储成君, 高佳宁. 环境规制、产业结构升级对经济高

质量发展的影响 [J]. 中国人口·资源与环境, 2020 (6): 84 - 94.

[12] 苏梽芳, 廖迎, 李颖. 是什么导致了"污染天堂": 贸易还是 FDI? ——来自中国省级面板数据的证据 [J]. 经济评论, 2011 (3): 97 - 104.

[13] 方锴. 绿色壁垒对中国对外贸易的影响 [J]. 商场现代化, 2008 (24): 9 - 10.

[14] 冯楠, 朴英爱. 中日韩环境产品的贸易特点分析 [J]. 现代日本经济, 2015 (3): 39 - 50.

[15] 付强. 我国外贸依存度问题新探 [J]. 世界经济研究, 2007 (3): 44 - 49.

[16] 付鑫, 张云. 中国对外贸易的区域差异及环境效应分析——基于贸易规模与贸易质量的面板回归 [J]. 地域研究与开发, 2019 (4): 15 - 20.

[17] 韩超, 陈震, 王震. 节能目标约束下企业污染减排效应的机制研究 [J]. 中国工业经济, 2020 (10): 43 - 61.

[18] 何洁. 国际贸易对环境的影响: 中国各省的二氧化硫 (SO_2) 工业排放 [J]. 经济学 (季刊), 2010 (2): 415 - 446.

[19] 洪丽明, 吕小锋. 贸易自由化、南北异质性与战略性环境政策 [J]. 世界经济, 2017, 40 (7): 78 - 101.

[20] 胡静. 浅析 WTO 体系下环境与贸易的法律冲突 [J]. 法制与社会, 2007 (8): 274 - 275.

[21] 胡妍斌, 陈晓红. 贸易自由化对我国环境状况的影响 [J]. 财经科学, 2003 (1): 82 - 86.

[22] 黄成亮. 中国与东盟国家环境产品贸易: 挑战与对策 [J]. 对外经贸实务, 2019 (3): 43 - 45.

[23] 黄李焰, 陈少平. 大气环境立法新动向 [J]. 电力环境保护, 2004 (4): 1 - 4.

[24] 黄李焰, 陈少平. 发展中国家发展贸易与保护环境的冲突与解

决 [J]. 世界经济与政治论坛, 2005 (3): 17-21.

[25] 简潇颖. 论环境产品关税 [J]. 法制博览, 2017 (34): 216.

[26] 江永红, 陈篆楠. 中国出口退税政策对环境保护有正面影响吗 [J]. 中国人口·资源与环境, 2020 (7): 100-106.

[27] 康秀敏. APEC 环境产品贸易自由化 [J]. 社会科学家, 2017 (6): 75-79.

[28] 康益敏. 对外贸易对环境污染的影响——基于制度质量门槛效应的实证分析 [J]. 生产力研究, 2019 (12): 105-109.

[29] 李春花, 孙振清. 基于 SUR 模型的中日韩碳排放 EKC 分析及因素分解研究 [J]. 生态经济, 2016 (7): 60-65.

[30] 李冬琴. 环境政策工具组合、环境技术创新与绩效 [J]. 科学学研究, 2018 (12): 70-79.

[31] 李锴, 齐绍洲. 贸易开放、经济增长与中国二氧化碳排放 [J]. 经济研究, 2011 (11): 60-72.

[32] 李丽平, 张彬, 肖俊霞. TPP 的"环境标准"及对中国的影响趋势 [J]. 对外经贸实务, 2016 (7): 10-13.

[33] 李丽平, 张彬, 赵嘉, 等. 环境政策与贸易政策需加强融合 [N]. 中国环境报, 2019-12-10.

[34] 李伟芳. 保护我们的环境 [M]. 上海: 上海社会科学院出版社, 1998.

[35] 林迎娟. TPP 环境条款的监管框架与外溢效应: 内涵与应对 [J]. 当代亚太, 2016 (6): 95-117.

[36] 刘传江, 刘慧, 赵晓梦, 田正杰. 考虑 PM2.5 影响的我国区域环境全要素生产率研究 [J]. 宏观质量研究, 2017 (1): 11-20.

[37] 刘敬东. WTO 中的贸易与环境问题 [M]. 北京: 社会科学文献出版社, 2014.

[38] 刘强, 庄幸, 姜克隽, 等. 中国出口贸易中的载能量及碳排放量分析 [J]. 中国工业经济, 2008 (8): 46-55.

[39] 刘穷志. 出口退税与中国的出口激励政策 [J]. 世界经济, 2005 (6): 37 – 43.

[40] 刘雪红. 世界贸易组织一般例外条款适用误区之批判 [J]. 东方法学, 2018 (4): 72 – 82.

[41] 刘修岩, 董会敏. 出口贸易加重还是缓解中国的空气污染——基于 PM2.5 和 SO_2 数据的实证检验 [J]. 财贸研究, 2017 (1): 76 – 84.

[42] 罗堃. 中国污染密集型产品贸易的环境效应及其扭曲——兼论效应分解与估计方法的改进 [J]. 国际贸易问题, 2010 (4): 64 – 72.

[43] 罗永明, 陈秋红. 家庭生命周期, 收入质量与农村家庭消费结构——基于子女异质视角下的家庭生命周期模型 [J]. 中国农村经济, 2020 (8): 85 – 105.

[44] 吕越, 张昊天. 打破市场分割会促进中国企业减排吗? [J]. 财经研究, 2021 (9): 4 – 18.

[45] 马晨峰, 谷祖莎, 沈君. 我国贸易与环境问题研究的文献计量分析——基于聚类和战略坐标方法的对比分析 [J]. 科技管理研究, 2013 (17): 227 – 232.

[46] 马富萍, 茶娜. 环境规制对技术创新绩效的影响研究——制度环境的调节作用 [J]. 研究与发展管理, 2012 (1): 60 – 66.

[47] 马淑琴, 戴军, 温怀德. 贸易开放、环境规制与绿色技术进步——基于中国省际数据的空间计量分析 [J]. 国际贸易问题, 2019 (10): 132 – 145.

[48] 毛显强, 宋鹏, 李丽平, 等. 出口退税政策调整的环境经济影响分析 [J]. 北京师范大学学报 (社会科学版), 2012 (6): 119 – 131.

[49] 毛显强, 宋鹏. 中国出口退税结构调整及其对"两高一资"行业经济—环境影响的案例研究 [J]. 中国工业经济, 2013 (6): 148 – 160.

[50] 毛显强, 汤维, 刘昭阳, 等. 贸易政策的环境影响评价导则研究 [J]. 中国人口·资源与环境, 2010 (8): 86 – 91.

[51] 聂辉华，江艇，杨汝岱．中国工业企业数据库的使用现状和潜在问题 [J]．世界经济，2012（5）：142 - 158.

[52] 牛海霞，罗希晨．我国加工贸易污染排放实证分析 [J]．国际贸易问题，2009（2）：94 - 99.

[53] 裴长洪，彭磊．对外贸易依存度与现阶段我国贸易战略调整 [J]．财贸经济，2006（4）：3 - 8.

[54] 彭星，李斌．不同类型环境规制下中国工业绿色转型问题研究 [J]．财经研究，2016（7）：134 - 144.

[55] 邵朝对．进口竞争如何影响企业环境绩效——来自中国加入 WTO 的准自然实验 [J]．经济学（季刊），2021（5）：1616 - 1626.

[56] 沈利生，唐志．对外贸易对我国污染排放的影响——以 SO_2 排放为例 [J]．管理世界，2008（6）：21 - 29.

[57] 沈荣珊，任荣明．贸易自由化环境效应的实证研究 [J]．国际贸易问题，2006（7）：66 - 70.

[58] 沈可挺，李钢．碳关税对中国工业品出口的影响——基于可计算一般均衡模型的评估 [J]．财贸经济，2010（1）：75 - 82.

[59] 师华．《环境产品协定》谈判的主要问题与中国应对 [J]．经济问题，2018（10）：120 - 128.

[60] 史艺．国际贸易对环境污染的影响效应及对策研究 [J]．对外经济贸易，2018（9）：15 - 16.

[61] 孙华平，杜秀梅．全球价值链嵌入程度及地位对产业碳生产率的影响 [J]．中国人口·资源与环境，2020（7）：27 - 37.

[62] 唐海涛．贸易与环境问题的嬗变及我国对策：多边视角 [J]．重庆工商大学学报（社会科学版），2016（3）：116 - 121.

[63] 唐韵清，周辰夕，董晓彤，等．国际经济与贸易对我国生态环境的影响及对策探讨 [J]．中国集体经济，2021（3）：9 - 10.

[64] 田巍，余淼杰．企业出口强度与进口中间品贸易自由化：来自中国企业的实证研究 [J]．管理世界，2013（1）：28 - 44.

[65] 屠新泉, 刘斌. 环境产品谈判现状与中国谈判策略 [J]. 国际经贸探索, 2015 (3): 83 – 94.

[66] 王春婕. WTO 体制下的单边环境措施初探 [J]. 政法论丛, 2010 (1): 37 – 42.

[67] 王春婕. 论 WTO 体制下的单边环境措施 [J]. 山东社会科学, 2005 (12): 89 – 93.

[68] 王俊, 徐明, 梁洋华. FTA 环境保护条款会制约污染产品进出口贸易吗——基于产品层面数据的实证研究 [J]. 国际经贸探索, 2020 (9): 103 – 118.

[69] 王舒鸿, 王小青. 贸易自由化还是污染自由化? ——我国环境污染的地区效应分析 [J]. 中国海洋大学学报 (社会科学版), 2019 (4): 96 – 103.

[70] 王志华. 碳壁垒合法性的国际法考量 [J]. 山东师范大学学报 (人文社会科学版), 2010 (6): 140 – 144.

[71] 卫迎春, 张梅梅. 我国环境产品出口贸易影响因素动态分析——基于 CMS 模型测算 [J]. 国际贸易问题, 2016 (4): 107 – 116.

[72] 温珺, 尤宏兵. 环境产品贸易自由化能改善发展中国家的环境质量吗 [J]. 国际经贸探索, 2017 (12): 22 – 36.

[73] 吴俊俊. 对单边 PPM 环境贸易措施的一些思考 [J]. 法制与经济 (下旬), 2011 (10): 96 – 97.

[74] 伍朝辉. 环境成本内在化及其对我国对外贸易的影响 [J]. 经济师, 2002 (11): 21 – 22.

[75] 邢斐, 何欢浪. 贸易自由化、纵向关联市场与战略性环境政策——环境税对发展绿色贸易的意义 [J]. 经济研究, 2011 (5): 111 – 125.

[76] 徐慧. 中国进出口贸易的环境成本转移——基于投入产出模型的分析 [J]. 世界经济研究, 2010 (1): 51 – 55.

[77] 徐慧. 我国环境产品贸易面临国际制衡性的挑战及发展路径选

择 [J]. 对外经贸实务, 2017 (9): 44 - 47.

[78] 徐圆. 国际贸易对中国环境的影响——规模、结构和技术效应分析 [J]. 世界经济研究, 2010 (10): 57 - 62.

[79] 许士春. 贸易对我国环境影响的实证分析 [J]. 世界经济研究, 2006 (3): 63 - 68.

[80] 许蔚. 中美环境技术产品贸易自由化的现状及路径分析 [J]. 经济研究导刊, 2015 (18): 302 - 304.

[81] 薛俭, 丁婧. 经济增长、出口贸易对环境污染的影响 [J]. 经济论坛, 2020 (10): 34 - 42.

[82] 杨恺钧, 刘思源. 贸易开放、经济增长与碳排放的关联分析: 基于新兴经济体的实证研究 [J]. 世界经济研究, 2017 (11): 112 - 120.

[83] 游达明, 蒋瑞琛. 我国环境规制工具对技术创新的作用——基于 2005—2015 年面板数据的实证研究 [J]. 科技管理研究, 2018 (15): 39 - 45.

[84] 余官胜, 都斌, 范朋真. 中国 "天生对外直接投资" 企业的特征与影响因素——基于微观层面数据的实证研究 [J]. 国际贸易问题, 2017 (10): 119 - 131.

[85] 余晓龙. 国际自由贸易体制下的单边环境贸易措施研究 [J]. 山东行政学院学报, 2012 (1): 120 - 122.

[86] 张建民, 龚清华. 环境产品贸易自由化探析 [J]. 国际贸易, 2014 (6): 21 - 25.

[87] 张江雪, 蔡宁, 毛建素, 等. 自主创新、技术引进与中国工业绿色增长——基于行业异质性的实证研究 [J]. 科学学研究, 2015 (2): 185 - 194.

[88] 张连众, 朱坦, 李慕菡, 等. 贸易自由化对我国环境污染的影响分析 [J]. 南开经济研究, 2003 (3): 3 - 5.

[89] 张庆. 国际经济与贸易对环境的影响探究 [J]. 产业创新研究, 2020 (10): 33 - 34.

[90] 张廷海. 和谐多边贸易体制的构建: 基于环境规制的视角 [J]. 首都经济贸易大学学报, 2008 (1): 87 - 92.

[91] 赵晟坤. 国际经济与贸易对环境影响分析 [J]. 现代商贸工业, 2019 (17): 29 - 30.

[92] 赵嘉, 张彬. WTO 贸易政策审议机制中的环境议题 [J]. 环境与可持续发展, 2018 (6): 190 - 195.

[93] 郑玲丽.《巴黎协定》生效后碳关税法律制度设计及对策 [J]. 国际商务研究, 2017 (6): 55 - 63.

[94] 钟筱红, 谢新明, 刘英生. 与产品不相关的单边 PPM 环境贸易措施及中国的对策——在 WTO 框架下 [J]. 江西社会科学, 2010 (4): 169 - 174.

[95] 周亦奇, 王文涛. 跨太平洋伙伴协议 (TPP) 中的环境与贸易关系分析及建议 [J]. 经济与管理, 2016 (4): 49 - 53.

[96] Acemoglu D, Johnson S, Robinson J A. The Rise of Europe: Atlantic Trade, Institutional Change and Economic Growth [J]. American Economic Review, 2005, 95 (3): 546 - 579.

[97] Ahn J, Khandelwal A K, Wei S J. The Role of Intermediaries in Facilitating Trade [J]. Journal of International Economics, 2011, 84 (1): 73 - 85.

[98] Anriquez G. Trade and the Environment: An Economic Literature Survey [R]. The University of Maryland at College Park Working Paper, 2002, No. 02 - 16.

[99] Antras P, Costinot A. Intermediated Trade [J]. Quarterly Journal of Economics, 2011, 126 (3): 1319 - 1374.

[100] Antweiler W, Copeland B R, Taylor S. Is Free Trade Good for the Environment [J]. American Economic Review, 2001, 91 (4): 877 - 908.

[101] Arellano M, Bover O. Another Look at the Instrumental Variable Estimation of Error-components Models [J]. Journal of Econometrics, 1995,

68 （1）：29 -51.

［102］Arellano M, Bond S. Some Tests of Specification for Panel Data：Monte Carlo Evidence and An Application to Employment Equations ［J］. Review of Economic Studies, 1991, 58 （2）：277 -297.

［103］Aslaksen S. Oil and Democracy：More than a Cross - Country Correlation ［J］. Journal of Peace Research, 2010, 47 （4）：421 -431.

［104］Atici C. Carbon Emissions, Trade Liberalization, and the Japan - ASEAN Interaction：A Growth-wise Examination ［J］. Journal of the Japan and International Economies, 2012, 26 （4）：167 -178.

［105］Baghdadi L, Martinez - Zarzoso I, Zitouna H. Are RTA Agreements with Environmental Provisions Reducing Emissions ［J］. Journal of International Economics, 2013, 90 （2）：378 -390.

［106］Bajona C, Kelly D L. Trade and Environment with Pre-existing Subsidies：A Dynamic General Equilibrium Analysis ［J］. Journal of Environmental Economics and Management, 2012, 64 （2）：253 -278.

［107］Baron R M, Kenny D A. The Moderator-mediator Variable Distinction in Social Psychological Research：Conceptual, Strategic, and Statistical Considerations ［J］. Journal of Personality and Social Psychology, 1986, 51 （6）：1173 -1182.

［108］Barrows G, Ollivier H. Does Trade Make Firms Cleaner? Theory and Evidence from Indian Manufacturing ［J］. Unpublished Manuscript, UC Berkeley, 2014.

［109］Becker R, Henderson V. Effects of Air Quality Regulations on Polluting Industries ［J］. Journal of Political Economy, 2000 （2）：379 -421.

［110］Blundell R, Bond S. GMM Estimation with Persistent Panel Data：An Application to Production Functions ［J］. Econometric Review, 2000, 19 （3）：321 -340.

［111］Blundell R, Bond S. Initial Conditions and Moment Restrictions in

Dynamic Panel Data Models [J]. Journal of Econometric, 1998, 87 (1): 115 – 143.

[112] Bobba M, Coviello D. Weak Instruments and Weak Identification, in Estimating the Effects of Education on Democracy [J]. Economic Letters, 2007 (96): 301 – 306.

[113] Bond S R. Dynamic Panel Data Models: A Guide to Micro Data Methods and Practice [J]. Portuguese Economic Journal, 2002 (1): 141 – 162.

[114] Bruckner M. On the Simultaneity Problem in the Aid and Growth Debate [J]. Journal of Applied Econometrics, 2013 (28): 126 – 150.

[115] Busse M. Trade, Environmental Regulations and the World Trade Organization: New Empirical Evidence [J]. Journal of World Trade, 2004 (38): 285 – 306.

[116] Castello – Climent A. On the Distribution of Education and Democracy [J]. Journal of Development Economics, 2008, 87 (2): 179 – 190.

[117] Chao C C, Chou W L, Yu E S H. Export Duty Rebates and Export Performance: Theory and China's Experience [J]. Journal of Comparative Economics, 2011 (2): 314 – 326.

[118] Chichilnisky G. North – South Trade and the Global Environment [J]. American Economic Review, 1994, 84 (4): 851 – 874.

[119] Chintrakarn P. Millimet D L. The Environmental Consequences of Trade: Evidence from Subnational Trade Flows [J]. Journal of Environmental Economics and Management, 2006, 52: 430 – 453.

[120] Cole M A, Elliott R J R. Determining the Trade – Environment Composition Effect: The Role of Capital, Labor and Environmental Regulations [J]. Journal of Environmental Economics and Management, 2003, 46: 363 – 383.

[121] Cole M A. Trade, the Pollution Hypothesis and the Environmental

Kuznets Curve: Examining the Linkages [J]. Ecological Economics, 2004, 48: 71-81.

[122] Copeland B R, Taylor M S. Free Trade and Global Warming: A Trade Theory View of the Kyoto Protocol [J]. Journal of Environmental Economics and Management, 2005, 49 (2): 205-234.

[123] Copeland B R, Taylor M S. North-South Trade and the Environment [J]. Quarterly Journal of Economics, 1994, 109 (3): 755-787.

[124] Copeland B R, Taylor M S. The Trade-Induced Degradation Hypothesis [J]. Resource and Energy Economics. 1997, 19 (4): 321-344.

[125] Copeland B R, Taylor M S. Trade and Transboundary Pollution [J]. American Economic Review, 1995, 85: 716-737.

[126] Copeland B R, Taylor M S. Trade, Growth and the Environment [J]. Journal of Economic Literature, 2004 (3): 7-71.

[127] Dean J M, Lovely M E. Trade Growth, Production Fragmentation and China's Environment [M]. Chicago: University of Chicago Press, 2010: 429-469.

[128] Dean J M, Gangopadhyay S. Export Bans, Environmental Protection, and Unemployment [J]. Review of Development Economics, 1997, 1 (2): 324-336.

[129] Dean J M, Lovely M E, Wang H. Are Foreign Investors Attracted to Weak Environmental Regulation [R]. World Bank Policy Research Working Paper, 2005.

[130] Dong Y, Wallty J. How Large are the Impacts of Carbon Motivated Border Tax Adjustments? [J]. Climate Change Economics, 2012 (1): 125.

[131] Ederington J, Minier J. Is Environmental Policy a Secondary Trade Barrier? An Empirical Analysis [J]. Canadian Journal of Economics, 2003, 36 (1): 137-154.

[132] Ekins P, Folke C, Costanza R. Trade, Environment and Develop-

ment: The Issues in Perspective [J]. Ecological Economies, 1994, 9 (1): 1 – 12.

[133] Eskeland G S, Harrison A E. Owing to Greener Pastures? Multinationals and the Pollution Haven Hypothesis [J]. Journal of Development Economics, 2003, 70 (1): 1 – 23.

[134] Esteve V, Tamarit C. Threshold Cointegration and Nonlinear Adjustment between CO_2 and Income: The Environmental Kuznets Curve in Spain, 1857 – 2007 [J]. Energy economics, 2012, 34 (6): 2148 – 2156.

[135] Feridum M, Ayadi F S, Balouga J. Impact of Trade Liberalization on the Environment in Developing Countries: The Case of Nigeria [J]. Journal of Developing Societies, 2006, 22 (1): 39 – 56.

[136] Feyrer J. Distance, Trade and Income: The 1967 to 1975 Closing of the Suez Canal as a Natural Experiment [R]. NBER Working Paper, 2009: 157.

[137] Forslid R, Okubo T, Ulltveit – Moe K H. International Trade, CO_2 Emissions and Heterogeneous Firms [J]. CPER Discussion Paper Series No. 8583, 2011.

[138] Grossman M, Krueger B. Economic Growth and the Environment [J]. Quarterly Journal of Economies, 1995, 110 (2): 353 – 377.

[139] Grossman M, Krueger B. Environmental Impacts of a North American Free Trade Agreement [R]. NBER Working Paper, No. 3914, 1991.

[140] Head K, Jing R, Swenson D. From Beijing to Bentonville: Do Multinational Retailers Link Markets [C]. NBER Working Paper No. 16288, 2010.

[141] Imai K, Keele L, Tingley D. A General Approach to Causal Mediation Analysis [J]. Psychological Methods, 2020, 15 (4): 309 – 334.

[142] Kaufman R K, Davidsdottir B, Garnham S, et al. The Determinants of Atmospheric SO_2 Concentrations: Reconsidering the Environmental

Kuznets Curve [J]. Ecological Economics, 1998, 25: 209 – 220.

[143] Kearsley A, Riddel M. A Further Inquiry into the Pollution Haven Hypothesis and the Environmental Kuznets Curve [J]. Ecological Economics, 2010, 69 (4): 905 – 919.

[144] Kreickemeier U, Richter P M. Trade and the Environment: The Role of Firm Heterogeneity [J]. Review of International Economics, 2014, 22 (2): 209 – 225.

[145] Levinson A. Technology, International Trade, and Pollution from US Manufacturing [J]. American Economic Review, 2009, 99 (5): 2177 – 2192.

[146] Li H, Zhang P D, He C, et al. Evaluating the Effects of Embodied Energy in International Trade on Ecological Footprint in China [J]. Ecological Economics, 2007, 62: 136 – 148.

[147] Li Y, Hweitt C N. The Effect of Trade between China and UK on National and Global Carbon Dioxide Emissions [J]. Energy Polity, 2008, 36: 1907 – 1914.

[148] Liu X, Heilig G K, Chen J, et al. Interactions between Economic Growth and Environmental Quality in Shenzhen, China's First Special Economic Zone [J]. Ecological Economics, 2007, 62: 559 – 570.

[149] Lovely M, Popp D. Trade, Technology, and the Environment: Does Access to Technology Promote EnvironmentalRegulation? [J]. Journal of Environmental Economics and Management, 2011 (1): 16 – 35.

[150] Mani M, Wheeler D. In Search of Pollution Havens? Dirty Industry in the World Economy: 1960 – 1995 [J]. Journal of Environment and Development, 1998, 7 (3): 215 – 247.

[151] Markandya A, Pedroso – Galinato S, Streimikiene D. Energy Intensity in Transition Economies: Is there Convergence towards the EU Average? [J]. Energy Economics, 2006, 28 (1): 121 – 145.

[152] Melitz M J. The Impact of Trade on Intra-industry Reallocations and Aggregate Industry Productivity [J]. Econometrica, 2003, 71 (6): 1695 – 1725.

[153] Panagariya A. Input Tariffs, Duty Drawbacks, and Tariff Reforms [J]. Journal of International Economics, 1992 (1): 131 – 147.

[154] Reinvang R, Peters G. Norwegian Consumption, Chinese Pollution: An Example of How OECD Imports Generate CO_2 Emission in Developing Countries [R]. IndEcol Report no. 1/2008.

[155] Rikard R V, Berkowsky R W, Cotten S R. Discontinued Information and Communication Technology Usage among Older Adults in Continuing Care Retirement Communities in the United States [J]. Gerontology, 2018, 64 (2): 188 – 200.

[156] Shahbaz M. Does Trade Openness Affect Long Run Growth? Cointegration, Causality and Forecast Error Variance Decomposition Tests for Pakistan [J]. Economic Modelling, 2012, 29 (6): 2325 – 2339.

[157] Shui B, Harriss R C. The Role of Coe Embodiment in US – China Trade [J]. Energy Policy, 2006, 34: 4036 – 4068.

[158] Tobey J A. The Effects of Domestic Environmental Policies on Patterns of World Trade: An Empirical Test [J]. Kyklos, 1993, 43 (2): 191 – 209.

[159] Tsai P L. Is Trade Liberalization Harmful to the Environment? An Alternative View [J]. Journal of Economic Studies, 1999, 26: 201 – 209.

[160] Weber C L, Peter G P, Guan D, et al. The Contribution of Chinese Exports to Climate Change [J]. Energy Policy, 2008, 36: 3572 – 3577.

附录 A 与环境有关的贸易措施条款内容

与环境有关的贸易措施	贸易文件	贸易政策（举例）
技术法规或规范	WT/TPR/S/351/Rev. 1	日本在 2016 财年针对冷冻/制冷展示架制定了新的能效标准，并为乘用车增加了新的燃油效率测试，这些标准包括能耗效率测量方法、标准方法和标签规定
合格评定程序	WT/TPR/S/300/Rev. 1	中国在 2014 年规定可作为原材料的进口废品在装载前必须进行检查，以防止有害废物进入中国境内
禁止措施	WT/TPR/S/375/Rev. 1	自 2018 年 1 月起，中国禁止进口 24 种固体废物
风险评估	WT/TPR/S/314/Rev. 1	2012 年，加拿大政府出台了一项旨在帮助指导加拿大自然资源开发的计划。该计划通过完善项目审查的监督体系促进投资
检疫要求	WT/TPR/S/351/Rev. 1	2016 年 1 月 27 日，日本修订了《渔业资源保护法》，涉及水生动物物种的进口检疫措施
影响物流或运输的规制	WT/TPR/S/382	美国于 2015 年 1 月 23 日正式接受世贸组织《贸易便利化协定》
进口许可	WT/TPR/S/314/Rev. 1	加拿大政府于 2014 年对规定的核设备、辐射装置和核物质实施进口限制和许可要求
出口许可	WT/TPR/S/307	美国政府于 2014 年声明由内政部负责鱼类及野生动物，包括濒危物种的出口限制及管制
知识产权措施	WT/TPR/S/248/Rev. 1	2009 年 6 月，欧洲专利局（EPO）开发了一个清洁能源专利的统一数据库，以便更容易地识别它们

与环境有关的 贸易措施	贸易文件	贸易政策（举例）
其他环境要求	WT/TPR/S/351/Rev. 1	日本通过了一项法案，自 2015 年 6 月起，鳗鱼养殖企业被纳入许可制度，以管理鳗鱼资源，并建立了每个池塘幼鳗数量的上限，以限制生产
反补贴措施/ 调查	WT/TPR/S/312/Rev. 1	2010～2013 年，澳大利亚发起了 6 次反补贴调查。截至 2014 年 6 月 30 日，对来自中国的铝型材、铝合金车轮、空心结构型材、铝锌涂层钢、镀锌钢和热轧钢板以及来自美国的生物柴油征收了 7 项反补贴税
反倾销措施/ 调查	WT/TPR/S/317/Rev. 1	欧盟 2013 年新开展的调查涉及太阳能玻璃、玻璃纤维制品面板和聚酯短纤维（PSF）
保障措施/调查	WT/TPR/S/372/Rev. 1	哥伦比亚 2013 年第 925 号法令第 25 条规定，货物必须符合批准进口登记所需的要求、许可和授权。它们是：（1）渔业和水产养殖产品；（2）私人监视和保安设备；（3）放射性同位素和放射性材料；（4）执法机构专用的服装；（5）碳氢化合物和汽油；（6）受卫生管制、技术规定、动态测试排放认证的产品，以及根据国际条约和协定或出于贸易政策的原因制定的配额，以及数量保障配额
进口配额	WT/TPR/S/351/Rev. 1	日本对进口实行数量限制（进口配额），配额符合世贸组织协定的规定。受进口配额限制的产品（自 2007 年以来未变）包括《关于消耗臭氧层物质的蒙特利尔议定书》所列的某些鱼类产品和受管制物质
出口配额	WT/TPR/S/372/Rev. 1	哥伦比亚政府于 2018 年声明，出口用于消费或观赏目的的渔业资源需要国家渔业和水产养殖管理局（AUNAP）颁发的销售许可证。每年，农业部、环境部和 AUNAP 都会发布一项决议，为此类出口分配配额
进口关税	WT/TPR/G/332	马尔代夫政府 2016 年声明，目前对不可降解的塑料袋和聚乙烯薄膜征收的最高税率为 400%，以保护该国脆弱的生态系统和环境
出口关税	WT/TPR/S/261/Rev. 2	菲律宾政府 2012 年声明，只有种植园（非本地）原木需要缴纳出口税（离岸价的 20%），以确保国内木材的充足、稳定和可持续供应
国内税	WT/TPR/S/373	挪威政府 2018 年声明，石油公司要缴纳普通企业所得税（23%）、石油特别税（55%）以及二氧化碳和氮氧化物排放税

与环境有关的 贸易措施	贸易文件	贸易政策（举例）
其他基于价格和 市场的措施	WT/TPR/S/383/Rev. 1	厄瓜多尔政府 2019 年声明，采矿活动须支付劳动利润分成，以及特许权使用费、预付特许权使用费和年度保护许可费
补助金及直接 付款	WT/TPR/S/377	中国台湾于 2018 年推出两项新的化肥补贴计划。此外，所有农民都有资格获得含有机质复合肥料的运费补贴（新台币 500 元/吨），目的是促进生态友好型农业
税收减免	WT/TPR/S/375/Rev. 1	中国政府于 2018 年声明，不属于增值税出口退税的产品包括高耗能产品、高污染产品以及资源型产品，还有濒临灭绝的动植物
贷款和融资	WT/TPR/S/389/Rev. 1	2008 年，加拿大联邦政府引入了汽车创新基金（AIF），在 5 年内提供 2.5 亿加元，支持汽车行业的战略性、大规模研发项目，以支持创新型、更环保和更省油的汽车
收入或价格 支持	WT/TPR/S/368/Rev. 1	为了鼓励可再生能源的发展，菲律宾政府引入了上网电价（FIT）系统，并于 2010 年 8 月开始运行
非货币性支持	WT/TPR/S/383/Rev. 1	厄瓜多尔政府 2019 年声明，国家渔业研究所开展海洋生物资源科学技术研究，以实现生产多样化、促进渔业发展和优化利用
政府采购	WT/TPR/S/314/Rev. 1	自 2006 年以来，加拿大实施了一项绿色采购政策，该政策旨在通过将环境绩效纳入采购过程来减少环境影响
其他支持措施	WT/TPR/S/385/Rev. 1	孟加拉国于 2019 年声明，计划到 2030 年在 30000 公顷土地上建立 100 个环境友好型经济特区
贸易协定中的 环境条款	WT/TPR/G/382	《美国 巴拿马环境合作协定》（ECA）设立了一个环境合作委员会（ECC）。2016 年 8 月，根据《巴拿马贸易协定》第 18.8 条设立环境执法事务秘书处的协议生效
投资措施	WT/TPR/S/367/Rev. 1	2015 年，埃及政府对自由区能源类投资实行了进一步限制，在自由区内，下列部门的项目不再获得许可证：化肥，石油和钢铁，天然气生产、液化和运输，或其他能源密集型产业

与环境有关的 贸易措施	贸易文件	贸易政策（举例）
未明确的措施	WT/TPR/S/350	美国政府于 2016 年声明，除农业之外，联邦一级的补贴绝大多数是针对能源部门的。此外，在联邦以下一级实施了一些与能源有关的支助措施，特别是在可再生能源方面
其他措施	WT/TPR/S/383/Rev. 1	厄瓜多尔政府于 2019 年声明，在战略部门管理、公共服务提供、自然资源或公共产品的可持续供应等不同领域设立了国有企业
环境规制	WT/TPR/S/382	美国政府于 2018 年声明，所有的州都要求建筑承包商拥有工人补偿险。还有一些与环境相关的法律，包括与石棉、铅和工业废料有关的法律

资料来源：根据 WTO 官网整理所得。

附录 B 2007～2018 年欧盟使用与环境有关的贸易措施情况

贸易措施	2007 年	2008 年	2009 年	2010 年	2011 年	2012 年	2013 年	2014 年	2015 年	2016 年	2017 年	2018 年
补助金及直接付款	2	4	2	1	1	1	3	5	8	3	10	2
税收减免												
贷款和融资												
收入或价格支持												
非货币性支持	1	2	2				2				1	3
政府采购		2	2	2	1	3	1	2	3	8	2	
其他支持措施		1	1	1	5	2	6	4	4	4	6	4
环境规制	1	3	3	2	2	1	2	3	1	1	4	1
反补贴措施／调查												
反倾销措施／调查					1	1	1	1				
保障措施／调查												
进口配额												
出口配额												

续表

贸易措施	2007 年	2008 年	2009 年	2010 年	2011 年	2012 年	2013 年	2014 年	2015 年	2016 年	2017 年	2018 年
进口关税												
出口关税												
国内税		3	2	4		1				3		3
其他基于价格和市场的措施			3				1	1	2	1	3	
贸易协定中的环境条款						3	1	1	2		2	3
投资措施												
其他措施	2				2	2			2	1	2	
技术法规或规范	3		5	1	4	2	3	2	4	1	4	3
合格评定程序	2	3			1		1	2	2		2	
风险评估			2	2		2		1	2	2	2	2
检疫要求		2	3	2							1	
影响物流或运输的规制		3		3				3	2	2	1	
进口许可			1	3		1		1	1		3	
出口许可						3	2	1		2	2	
知识产权措施			1	1	1		2	2	1	1	1	
其他环境要求		3	3			3		1	3	1	4	3
未明确的措施											1	
禁止措施		5	2	1	1		1	2	3	2	3	

资料来源：WTO 网站，作者根据欧盟贸易政策文件整理得出。

附录 C　2007～2018 年美国使用与环境有关的贸易措施情况

贸易措施	2007年	2008年	2009年	2010年	2011年	2012年	2013年	2014年	2015年	2016年	2017年	2018年
补助金及直接付款	1	2	3		3	5	3	6	9	3	1	1
税收减免	1	2	3	1	4	3	6	6	14	3	1	3
贷款和融资		1	1	2	3	2	2	3	6	5	3	2
收入或价格支持												1
非货币性支持	2		1	1	3	1	2	2	1	2	1	1
政府采购			1									
其他支持措施	1	1	5	4	3	3	2	2	2	2	2	2
环境规制	1	2	5	2	2	2	3	1			3	4
反补贴措施/调查												
反倾销措施/调查		0								1	1	1
保障措施/调查												
进口配额				1								
出口配额				2								

续表

贸易措施	2007年	2008年	2009年	2010年	2011年	2012年	2013年	2014年	2015年	2016年	2017年	2018年
进口关税												
出口关税												
国内税				1						1	1	1
其他基于价格和市场的措施								3				
贸易协定中的环境条款			1			4	5		1	3	6	5
投资措施										1		
其他措施	2			1	3	2			1	1		2
技术法规或规范		1		4		2	3	3		3	1	1
合格评定程序	2				3	1	3				1	1
风险评估								1				
检疫要求										4		
影响物流或运输的规制		1						1	1	2		
进口许可				1		1		3	1	1		2
出口许可				2			1	1		1		1
知识产权措施			1	1	1		2	1				
其他环境要求		2	2	1	2			1	1	2	3	4
未明确的措施	3			3	1	1		1	1	1		
禁止措施						2	1					

资料来源：WTO 网站，作者根据美国贸易政策文件整理得出。

附录 D 2007～2019 年加拿大使用与环境有关的贸易措施情况

贸易措施	2007 年	2008 年	2009 年	2010 年	2011 年	2012 年	2013 年	2014 年	2015 年	2016 年	2017 年	2018 年	2019 年
补助金及直接付款								1		1	3	2	2
税收减免									1	1		1	1
贷款和融资	2					1	1	1	1		1	1	1
收入或价格支持											2		
非货币性支持			1	1	1	1	1	1	1	1	6	1	1
政府采购	2	1		1	1	1	1	1	1	1	1	1	4
其他支持措施	2	2		2	2	1		1	3	2	1	6	4
环境规制	2	2	3	3	3	3	3	3	4	4	5	7	7
反补贴措施/调查							1						
反倾销措施/调查							1				1		
保障措施/调查													
进口配额													
出口配额													

续表

贸易措施	2007年	2008年	2009年	2010年	2011年	2012年	2013年	2014年	2015年	2016年	2017年	2018年	2019年
进口关税													
出口关税													
国内税													
其他基于价格和市场的措施	1		1		1	1	1	1	1	2	1	1	1
贸易协定中的环境条款											2		1
投资措施													
其他措施	1	2	2	2	1	1	1	1	1	1	1	3	4
技术法规或规范				2						3	3	3	3
合格评定程序				2							1	2	2
风险评估						4						2	3
检疫要求													
影响物流或运输的规制								4			1		
进口许可					1								2
出口许可					2							1	1
知识产权措施											1		1
其他环境要求	1	1	2	2		1	1	1	3	3	1	2	8
未明确的措施				1			4	1	1			1	
禁止措施					2								2

资料来源：WTO 网站，作者根据加拿大贸易政策文件整理得出。

附录 E 2007~2018 年日本使用与环境有关的贸易措施情况

贸易措施	2007 年	2008 年	2009 年	2010 年	2011 年	2012 年	2013 年	2014 年	2015 年	2016 年	2017 年	2018 年
补助金及直接付款	1	2	1	2	4	2	3	1	3			1
税收减免		1	2		1				1			
贷款和融资	1					1	1			1		
收入或价格支持											1	
非货币性支持												
政府采购							1	2				
其他支持措施	1	1		1	2	1				2		1
环境规制	1	1	1	1		1	1	1	2	2	2	3
反补贴措施／调查												
反倾销措施／调查												
保障措施／调查												
进口配额	1								2		2	
出口配额			1									

— 201 —

续表

贸易措施	2007 年	2008 年	2009 年	2010 年	2011 年	2012 年	2013 年	2014 年	2015 年	2016 年	2017 年	2018 年
进口关税												
出口关税												
国内税												
其他基于价格和市场的措施	1	1				1		1	1		1	
贸易协定中的环境条款												
投资措施												
其他措施	1	1			1	1		1	1		2	
技术法规或规范	1	1	2	1	1	2	2	2	6	3	2	3
合格评定程序												
风险评估												
检疫要求										1		
影响物流或运输的规制												
进口许可			3	1	1		3	1	4	1	3	1
出口许可	2		1		1		2		1			
知识产权措施	1		1	4	3		1					
其他环境要求		2										
未明确的措施	1	1		1		1	2	1	2	1	1	1
禁止措施	1		3	1	2		5		3	1	1	1

资料来源：WTO 网站，作者根据日本贸易政策文件整理得出。

贸易措施	2007 年	2008 年	2009 年	2010 年	2011 年	2012 年	2013 年	2014 年	2015 年	2016 年	2017 年	2018 年
补助金及直接付款	2		1	1	2	3	5	6	6	3	3	3
税收减免		2		2	1	2	1	9	3	5	3	6
贷款和融资								5	2	3	2	3
收入或价格支持								1	1			
非货币性支持			1	1	1	1	1	1		1		
政府采购					2						1	2
其他支持措施	2	1	2			2	1	4	2	2	2	1
环境规制	1	1	1	2	2	2	2	2	2	3	5	3
反补贴措施/调查						1	1	1	1			
反倾销措施/调查												
保障措施/调查								1				
进口配额			1	1	1		2	1	1			
出口配额												

续表

贸易措施	2007年	2008年	2009年	2010年	2011年	2012年	2013年	2014年	2015年	2016年	2017年	2018年
进口关税												
出口关税											1	1
国内税	1			1						2		
其他基于价格和市场的措施		2	2	2	1	1	1	1	2		1	1
贸易协定中的环境条款						1				1		
投资措施	1	1	1	1				1	1		1	1
其他措施			1	1		3	5	1	1		1	1
技术法规或规范				2	1	2		5	1	6	3	2
合格评定程序						1		3		3	1	1
风险评估			2					2	2			
检疫要求	1				1			1		1		1
影响物流或运输的规制												
进口许可			2	2			2	1	3	1	2	
出口许可			1	1	2	2	2	2	2	2		1
知识产权措施				1		2	1			1	1	
其他环境要求	2	2	2	2		1	1	4	1	1	2	1
未明确的措施		1					1	4	1	1	1	
禁止措施			5	2	1	5	4	4	3	3	5	3

资料来源：WTO 网站，作者根据中国贸易政策文件整理得出。

致　　谢

尘埃落定，完成毕业论文的最后一次修改，此刻我百感交集。在惠园的时光，是我人生中最美好的岁月，也是我学习、成长最多的时期。有太多的感恩、感动、感念、感怀，附在毕业论文的末尾，永远尘封在我的记忆之中。

首先我要感谢中国WTO研究院在这四年中对我的培养，能在这里完成我的博士学业，是我最大的幸运。很多人都曾问过我是否后悔当初决定考博，我想说的是，因为遇见了WTO研究院，我的博士生活才能如此精彩。在这里我有机会向全国WTO研究领域顶尖的专家学者学习，有机会参加许多高水平的国际国内会议，在老师们的引领下我开启了自己在WTO领域的研究旅程，并最终确定了WTO贸易与环境这个研究方向。我还非常感谢博士期间研究院给了我宝贵的出国实习机会，让我在瑞士日内瓦WTO秘书处亲身参与了WTO的实际工作，为我的毕业论文积累了丰富的数据材料。作为一名博士生，能有亲身实践的机会，接触到WTO的实务工作，这在我的一生中都是极其宝贵的财富。而所有这一切都是中国WTO研究院给予我的，未来无论走到哪里，我都会感恩研究院对我的栽培，在自己的岗位上积极进取，为研究院争光。

我要特别感谢我的导师李杨研究员。李老师既是我的恩师，更是我的朋友、我的亲人、我人生中的领路人。由于我入学时的知识基础在同学中较为薄弱，李杨老师对我格外关照，为我付出了极大的心血。我们合作的每一篇论文，李老师都反复与我进行讨论，给予了很多指导，即使是一个小小的细节也会亲自给我纠正。李老师严谨的治学态度，以及他对我的严格要求，使我养成了良好的学术习惯，让我在这四年里取得了非常大的进步。而在我的毕业论文写作过程中，李老师更是给予了我细致入微的指导，新冠疫情期间克服重重困难，不断帮助我修改完善。同时李老师也是我的朋友、我的亲人，读博期间每每遇见困难，不论是学习上的还是生活上的，我都能在与他的交流中获得启发。同为人父，我们不仅有学术上求索的困惑，更有对父母和妻儿的责任。这些年来李老师对待学术、工作、学生、家人的那份责任感和担当精神，深深感染着我，我在"润物细无声"的潜移默化中也变得更加勇敢、坚强、负责任。李老师对我的职业选择也有着很大的影响，他让我明白了只有同优秀的人在一起，自强不息不懈奋斗，才能获得更大的进步。他让我摒弃了"躺平"的安逸，选择迎接每一次困难，享受每一次挑战。

我要感谢我的副导师屠新泉研究员。这四年来，屠老师在学术上给了我非常多的帮助，作为 WTO 研究领域首屈一指的专家，屠老师工作再繁忙也不忘关心我的学业。每一次与屠老师的学术讨论都令我豁然开朗，他对 WTO 领域的研究热情、他在学术上的远见卓识、他的个人经历都令我十分敬佩。我还要感谢刘斌老师、周念利老师、李思奇老师、杜映昕老师、杨荣珍老师、吕越老师，以及研究院的李小帆老师、李建桐老师和秦若冰老师。不论是在毕业论文的修改过程中，还是在这四年课题写作与科研任务中，他们都给予了我很多指导和帮助。另外我也要感谢研究院办公室戴臻老师和高健老师，四年来为我的学业保驾护航。我还要特别感谢研究院党委书记高嫄老师和辅导员董俊缨老师，读博期间党组织接纳了我，让我光荣地成为了一名中共党员，让我能够以党员的身份承担更多的责任与义务，更好地为人民服务。

在这里我还要感谢我身边的同学们，能有缘在对外经济贸易大学结识到一生所爱的挚友，是我最大的幸福。我要感谢中国 WTO 研究院博士班的全体同学，以及张自力博士、李天洋博士、户彦飞博士、叶志伟博士、崔宁硕士、尚淼硕士。博士一年级和同学们一起备战期末考试，大家在办公室共同讨论的场景还历历在目。也正是博士一年级的刻苦钻研，给我的经济学理论框架打下了坚实的基础。我要感谢车丽波博士、赵曦梦博士、高媛博士、顾聪博士、宋懿达博士、石晓婧博士、陈泳昌博士、赵飞博士、邓利静博士、潘彤博士等，在毕业论文创作过程中与我分享经验，解答疑惑。我还要感谢我的同门、多年的同事和朋友郭梓晗博士，感谢她这些年来对我的鼓励和督促，给我的帮助和支持。由于篇幅有限，请原谅我不能够一一列举我想要感谢的同学们、朋友们，但我会永远记得我们在对外经济贸易大学一起上课、一起备考、一起写论文、一起打篮球、一起畅谈人生理想抱负的点点滴滴。"志合者，不以山海为远"，聚散总有时，感恩常相念。

　　我还要特别感谢我的父母和我的爱人、孩子。感谢我的父母多年来对我的养育之恩，特别是读博期间对我的默默支持。我能选择继续深造，很大程度上得益于父母对我的影响。我的母亲总是在不断学习、不断提升自己，她让我懂得了学习与进步与年龄无关，只有终生求索才能接近真知。我父亲积极乐观的性格深深影响了我，不论遇到什么困难，父亲从不怨天尤人、慌张焦虑，再大的坎坷也可以心平气和地面对。于是在读博期间，每每遇到困难，我总是会想起父母，即使跌倒也会很快收拾行装重新上路。在这里我还要特别感谢我的爱人，是她的无私奉献才让我能毫无后顾之忧地去读书深造。赴京求学让我很少有时间能回家陪伴家人和孩子，我对我的爱人感到十分歉疚，但这四年来她从来没有一句怨言，家中的大事小情从来没有一件需要我操心。没有她的支持和对家庭的付出，我不可能顺利完成我的学业。另外我也感谢我的儿子和女儿，在他们年幼无知的世界里，在没有父亲陪伴的岁月里，他们依然用自己的方式默默支持着父亲、信任着父亲。在这四年间，我的家人们给了我无数的感动，他们值得我全部的爱。

　　最后，作为毕业论文的结尾，我还想表达一点自己对 WTO 未来发展的祝愿。四年来追随贸易与环境问题，我既有担忧又满怀期待。今天，我们正在经历着百年未有之大变局。全球气候危机、生物多样性危机、环境污染等问题迫在眉睫，而贸易与环境问题又密切相关。我坚信，未来 WTO 一定可以在贸易与环境领域发挥更大的作用，为全人类的生态环境保护做出更大的贡献。

2022 年 8 月

于惠园